استخدام تكنولوجيا المعلومات والاتصالات في التعليم

Information and Communication Technologies in Education

العالم في غرفة الصف

الدكتور قاسم النعواشي

جامعة البلقاء التطبيقية

السلط - الأردن

دار وائل للنشر

الطبعة الأولى

2009

رقم الايداع لدى دائرة المكتبة الوطنية : (2008/12/4234)

النعواشي ، قاسم

العالم في غرفة الصف / قاسم صالح النعواشي. عمان: دار وائل للنشر2008

(268) ص

ر.إ. : (2008/12/4234)

الواصفات: طرق التعلم / أساليب التدريس / التعلم / التربية

* تم إعداد بيانات الفهرسة والتصنيف الأولية من قبل دائرة المكتبة الوطنية

****

رقم التصنيف العشري / ديوي : 371.3

ISBN 978-9957-11-787-0 (ردمك)

* العالم في غرفة الصف
* الدكتور قاسم النعواشي
* الطبعــة الأولى 2009
* جميع الحقوق محفوظة للناشر

دار وائـــل للنشر والتوزيع

* الأردن – عمان - شارع الجمعية العلمية الملكية – مبنى الجامعة الاردنية الاستثماري رقم (2) الطابق الثاني
هاتف : 00962-6-5338410 فاكس : 00962-6-5331661 ص. ب (1615) – الجبيهة)
* الأردن – عمان – وسط البلد – مجمع الفحيص التجاري- هـاتف: 00962-6-4627627
www.darwael.com
E-Mail: Wael@Darwael.Com

مقدمـــــة

لقد أصبح استخدام تكنولوجيا المعلومات والاتصالات بكافة أشكالها من أوليات النظم التربوية في مختلف دول العالم، وذلك لأسباب عديدة، منها: النمو المطرد للمعرفة والمعلومات، وزيادة التأثير للتكنولوجيا ونتائجها على المجتمعات ونمط الحياة في وقتنا الحاضر وفي مستقبلنا، والتوجه العالمي نحو العولمة وما سيترتب عليها من تغيرات على المستوى الاقتصادي والاجتماعي والسياسي والتي بدأنا نتعرض لشرها من خلال والأزمات الاقتصادية العالمية التي بدأت تعصف بالنظم الاقتصادية العالمية مع نهاية سنة 2008 بالاضافة إلى الارتفاع غير المسبوق في تكاليف الحياة.

فمن أجل إعداد جيل قادر على استيعاب التغيرات التي أحدثتها وتحدثها ثورة تكنولوجيا المعلومات والاتصالات، سعت وزارت التربية في كثير من دول العالم الى وضع الاستراتيجيات الوطنية لإدماج التكنولوجيا والمعلوماتية ضمن النظام التعليمي، وقد عملت على تدريب المعلمين أثناء الخدمة لتدريس منهاج الحاسوب، وجهّزت المدارس بمختبرات الحاسوب، وحرصت على توفير متطلبات استخدام الحاسوب كوسيلة تعليمية تعلمية، بما يخدم الموضوعات الدراسية المختلفة.

ولكن المفاجئ في الأمر، أن نتائج تقييم هذه المشاريع التي بلغت تكاليفها مئات الملايين أظهرت أنه رغم توفر التجهيزات وبرامج بناء القدرات والمواد التعليمية المختلفة في المدارس إلا أن أغلب ممارسات المعلمين في غرفة الصف بقيت بعيدة كل البعد عن استخدام تكنولوجيا المعلومات والاتصالات كما كان مخطط له في أهداف هذه المشاريع. لذا، فقد جاء الكتاب الحالي "العالم في غرفة الصف" لاصلاح هذا الخلل مستندا الى نتائج البحوث التطبيقية التي سعت الى الكشف عن أسباب عدم استخدام المعلمين للتكنولوجيا في الغرفة الصفية بشكل فعّال. إن عدم إدراك المعلمين لمبررات إدخال تكنولوجيا المعلومات والاتصالات في التعليم كان أحد أبرز الأسباب التي أدت الى عدم توظيف المعلمين

للتكنولوجيا في الغرفة الصفية. وبالتالي إدى ذلك الى عدم امتلاك المعلم للكفايات الأساسية المرتبطة باستخدام تكنولوجيا المعلومات والاتصالات في التعليم.

إن الاعتراف المتزايد بأهمية تكنولوجيا المعلومات والاتصالات في شتى مناحي الحياة، لا بد أن يدفعنا إلى دراسة الطبيعة المتغيرة للكفايات المترابطة باستخدام تكنولوجيا المعلومات والاتصالات. بالإضافة إلى ضرورة صياغة إطار عام وتحديد مكونات ثقافة تكنولوجيا المعلومات والاتصالات. وفي ضوء ذلك يمكن وضع معايير محددة لثقافة تكنولوجيا المعلومات والاتصالات التي ينبغي لمؤسسات التعليم إكسابها للمعلمين، ثم إلى الطلبة.

اشتمل الكتاب على ستة فصول. هدف الفصل الأول والثاني إلى تمكين الدارس من اكتساب المفاهيم الأساسية لاستخدام تكنولوجيا المعلومات والاتصالات في التعليم والقضايا المرتبطة بهما؛ كما تناول الفصل الثالث والرابع المهارات الأساسية للتصميم والعروض الاكتروني من حيث بناء العرض أو تقديمة. أما الفصلين الخامس والسادس فقد تناولا المهارات الأساسية في التعامل مع شبكة الانترنت ومهارة الطباعة.

ونحن نعيش في عصر يتزايد فيه دور تكنولوجيا المعلومات والاتصالات في صياغة الحاضر وتشكيل المستقبل، وأصبحت هذه التكنولوجيا متطلبا أساسيا في شتى مجالات الحياة، لذا لا بد أن تشهد الأوساط التربوية -محليا وعربيا وعالميا- اهتماما متزايدا بتكنولوجيا المعلومات والاتصالات نحو تطوير الواقع التربوي ورفع مستوى مخرجات التعليم، ويتفق معظم أهل التربية على أنه إذا زوّد المعلم بوسيلة تعليمية مناسبة لأهداف الدرس ومحتواه، فإنه بالتأكيد سيحقق نتائج إيجابية أكثر مما يتوقع. ففي غرفة الصف، ينبغي التعامل مع تكنولوجيا المعلومات والاتصالات كمصدر للمعرفة، ووسيلة تعليمية، وفرصة للاستمتاع وزيادة دافعية المتعلمين نحو التعلم، وأداة تسهم بفاعلية في تحقيق أهداف التعليم، وإذا لم تساند تكنولوجيا المعلومات والاتصالات المعلم داخل الغرفة الصفية وفي متابعة تعلم الطلبة؛ فإنه لن يكون قادرا على المبادرة في تطوير الأساليب والأنشطة التي

يمكن أن يستخدم فيها هذه التكنولوجيا لتحقيق الأهداف التعليمية في سبيل تنمية قدرات الطالب وتزويده بالمهارات اللازمة للحياة في القرن الحادي والعشرين.

وعلى أية حال، فإن جميع الجهود المبذولة، والتدريب الذي يمكن أن يتلقاه المعلم في سبيل تطوير عملية التعلم والتعليم باستخدام تكنولوجيا المعلومات والاتصالات لن تجدي نفعا ما لم يتم ادخال تكنولوجيا المعلومات والاتصالات في حياة المعلم اليومية والعملية بشكل مدروس وفعّال.

وفي الختام، يأمل المؤلف أن يسهم هذا الكتاب في زيادة مستوى الوعي والمهارات والاتجاهات لدى الدارسين في الوطن العربي وخاصة المهتمين بتوظيف تكنولوجيا المعلومات والاتصالات في التعليم.

وحيث أصبت فمن الله وإن أخطأت فمن نفسي؛ والله نسأل التوفيق والسداد،،،

المؤلف
قاسم النعواشي
جامعة البلقاء التطبيقية
السلط - الأردن

المحتويـات

الفصل السادس

مهارة الطباعة: عشرة أصابع أفضل من اثنين

الفصل الأول

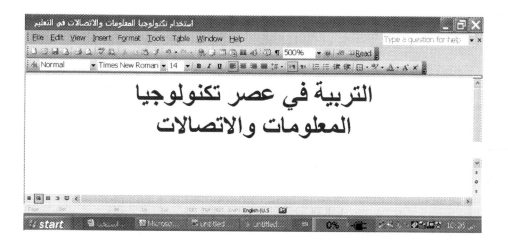

في عصر ينبغي أن لا نستسلِم فيه إلى كمٍّ المعلومات الهائل الذي يتدفق بسرعة غير مسبوقة؛ لا بد لنا أن ندرك أن مواجهة ذلك يتطلب استغلال قدرتنا على تنظيم المعلومات بمجرد تجمعها لدينا، ثم استيعابها، ثم تحديد الفرص والتحديات التي تواجهنا من أجل أن نجد لها معان في حياتنا، وتطبيقات في أعمالنا، بحيث نضمن استمرار تطورنا وتطورها معاً.

ثقافة تكنولوجيا المعلومات والاتصالات

لقد دخلت البشرية عصر التكنولوجيا الذي أصبحت فيه المعرفة هي البعد الجوهري في التفكير الإنساني والتنمية الاقتصادية والاجتماعية. فقد أضحت تكنولوجيا المعلومات والاتصالات من الأدوات الأساسية في النظام العالمي المعاصر الذي تأسس على المعرفة، وبدأ التحول فيها لا يقتصر على استغلال الموارد الطبيعية والمادية فحسب، بل تعداها إلى الاهتمام بنشر المعلومات؛ وما يتصل بها من مهارات تسهم في تحليلها ومعالجتها، وهذا

أدى إلى زيادة الطلب في سوق العمل على كوادر بشرية تمتلك مهارات وكفاءات قادرة على تحديث معارفها ومهاراتها باستمرار والمشاركة في تطوير المؤسسات التي يعملون فيها وإعادة هيكلتها مع الحفاظ على هويتهم وهوية مجتمعاتهم.

إن النظرة السائدة إلى مكونات ثقافة تكنولوجيا المعلومات والاتصالات تجمع بين الأنشطة العقلية والمهارات التقنية الأساسية التي تزود الفرد باستراتيجيات عقلية تمكنه من استرجاع المعلومات، واستخدامها، واستثمارها، ونشرها بأقصى فاعلية ممكنة.

ومن أجل وضع تعريف محدد لثقافة تكنولوجيا المعلومات والاتصالات اخترت التعريف الذي صدر عن هيئة المستشارين في معهد خدمات القياس التربوي ETS Educational Testing Service في أمريكا والذي يعرِّف ثقافة تكنولوجيا المعلومات والاتصالات على أنها:

"امتلاك الفرد القدرة على استخدام التكنولوجيا الرقمية، ووسائل الاتصال، والشبكات لمعالجة المعلومات وحل مشكلاتها من أجل المشاركة بفاعلية واقتدار في مجتمع المعرفة. وهذا يتضمن القدرة على استخدام التكنولوجيا كأداة بحث، وتنظيم، واتصال معلوماتي، واستيعاب القضايا الأخلاقية، والقانونية التي تترتب على الحصول على المعلومات واستخدامها."

ويتضح من هذا التعريف أنه يحتوي على ثلاثة عناصر أساسية لثقافة تكنولوجيا المعلومات والاتصالات هي:

1- **الأنشطة العقلية** من حيث دورها في الحصول على المعرفة واستيعابها ونشرها بشكل فاعل.

2- **الكفايات التقنية** اللازمة كمتطلب أساسي ومنطقي.

3- **المحددات الأخلاقية والقانونية** التي تنظم القضايا المرتبطة بتكنولوجيا المعلومات والاتصالات.

التكنولوجيا واقتصاد المعرفة

في عام 1986 أطلق الاقتصادي **باول رومر Paul Roomer** من جامعة ستانفورد نظريته التي لا تزال التطورات والأحداث العالمية تؤيد صحتها؛ والتي تؤكد على أن أي نظام اقتصادي لا يمكن أن ينجح ويستديم بد أن يعتمد بصورة أساسية على التكنولوجيا، واعتبر أن المعرفة هي العامل الثالث للإنتاج إلى جانب العمل، ورأس المال، وأشار إلى أن تراكمية المعرفة هي التي تؤدي إلى النمو الاقتصادي. كما يرى أن التطورات التكنولوجية الحديثة هي الأرضية الحقيقية للإبداع أو تحقيق أي تقدم في مجال العلوم والتكنولوجيا.

إن التكنولوجيا تدعم العودة إلى الاستثمار، والاستثمار يجعل التكنولوجيا أكثر قيمة، وهذا يعتبر تفسيراً لقدرة الدول المتقدمة على استدامة نموها الاقتصادي، بينما لا تستطيع البلدان النامية ذلك. ويعتقد رومر أن الاستثمار في البحث العلمي والتطوير والإبداع التكنولوجي هو القوة الدافعة لتحقيق النمو الاقتصادي وليس التنافس.

فالمبدأ العام يقضي بأنه ينبغي للمؤسسات أن تعمل وفقاً لقدراتها النسبية، وللحكومات أن تركز على المسؤوليات التي لا يمكن أن ينهض بها قطاع بعينه. أي لا بد من تضييق الفجوة في سبيل زيادة النمو الاقتصادي، ورفع الدخل، وتقليل التردي البيئي، وتحسين نوعية الحياة. كل ذلك يتطلب تجهيز البنية التحتية بحيث يتم توفير المتطلبات التكنولوجية وتطوير الاستراتيجيات والقوانين والأنظمة، وتحديث البرامج والمناهج التعليمية، وتفعيل كافة المرافق، ودعم الابتكار، وتنسيق الجهود بين المؤسسات، والانفتاح على المعرفة العالمية وتطوير المعرفة المحلية عن طريق نقل التكنولوجيا، وتطويع المعرفة المستوردة وإنتاج المعرفة المطلوبة.

ورغم ذلك لا يزال كثير من المثقفين في المجتمعات النامية يتعثرون في تحديد دلالات المفاهيم ذات الصلة بتكنولوجيا المعلومات والاتصالات، مثل مفهوم "اقتصاد المعرفة Knowledge Economy"، ناهيك عن الضبابية التي تحيط دلالاته وتطبيقاته وآليات تنفيذه وبالمشاريع التي تتبناها الدول النامية لتحقيق هذا التوجه. ففي استطلاع أجري في إحدى

الجامعات العربية لم يفلح أحد من بين ثمانية عشر عضوا من هيئة التدريس في تقديم أي تصور يقترب ولو قليلا من الدلالة السليمة لمفهوم "اقتصاد المعرفة".

إن عدم اللحاق بركب تكنولوجيا المعلومات والاتصالات المتنامي؛ سيؤدي إلى اتساع الفجوة الرقمية وتفاقم التبعية. فالفرد أو المجتمع الذي لا يسعى إلى مواكبة التطور العلمي والتكنولوجي سرعان ما يجد نفسه عاجزاً عن ولوج الاقتصاد الجديد والمساهمة فيه. والدولة التي لا تدرك أن المعرفة في عصرنا هي العامل الأكثر أهمية للانتقال من التخلف إلى التطور ومن الفقر إلى الغنى؛ ستجد نفسها على هامش مسيرة التقدم.

مع بدايات اجتياح موجة التكنولوجيا والتوجه نحو اقتصاد المعرفة للمجتمعات في العالم، أخذت بعض الدول النامية تعمل على إصلاح أنظمتها التربوية لتقليل الفوارق بين مواطنيها ومواطني الدول المتقدمة. إلا أن مشاريع الإصلاح التربوي في معظم الأحوال لا تلتفت إلى القضايا الاجتماعية والاقتصادية التي تعاني منها المجتمعات المحلية. فكيف ستسهم هذه المشاريع في تحقيق أهداف التنمية المستدامة وهي لا تعبأ بتأهيل أفراد مجتمع معين لمواجهة مشكلاته الأساسية، والتي تتمحور في معظم الدول النامية حول الفقر والبطالة ونقص الموارد الطبيعية، وخاصة الموارد المائية؟ بل كيف ستسهم مثل هذه المشروع في توفير الحاجات الأساسية للمواطنين: المأكل، والمشرب، والملبس، والمسكن، لأن هذه من الضروريات التي ينبغي أن يوفرها أي نظام اقتصادي ناجح، سواء بني على الزراعة، أو الصناعة، أو المعرفة. ومن جهة أخرى، كيف سيسهم مشروع لتطوير التعليم في توفير بيئة تعلم وتعليم فعّالة للطلبة وللمعلمين في غرف صفية فيها ما لا يقل عن أربعين طالبا أو طالبة؟ كيف سيدرِّس المعلم في هذه البيئة بإخلاص وانتماء وكيف سيستخدم استراتيجيات التدريس الحديثة بفعالية، وكيف سيكتسب الطلبة مهارات التفكير الإبداعي التي هي روح اقتصاد المعرفة؟

أين نحن من التوجه الحقيقي نحو بناء اقتصاد قائم على المعرفة؟ وما نسبة ما تخصصه المؤسسات - في القطاعين: العام والخاص - من ميزانياتها في سبيل رفع مستوى كفاءة العاملين فيها؟ إن السعي نحو بناء مجتمع المعرفة وتطوير اقتصاد المعرفة لا يمكن أن

يكون بأي حال من الأحوال مسؤولية مؤسسة بعينها، أو إحدى وزارات الدولة؛ ففي الأردن، مثلاً، يقع العبء الأكبر في تعزيز التوجه نحو اقتصاد المعرفة على وزارة التربية والتعليم. ولكن أين دور بقية مؤسسات المجتمع من المساهمة في تحقيق هذا التوجه؟ إن باقي مؤسسات الدولة - بما فيها معظم مؤسسات التعليم العالي - لا زالت تمارس أعمالها كالمعتاد دون الالتفات إلى ضرورة المساهمة في تحقيق التوجه الوطني نحو اقتصاد المعرفة.

ثم أين مشاريع التطوير نحو اقتصاد المعرفة في جامعاتنا؟ وأين إعادة هيكلية الإنفاق على البحث العلمي؟ فعلى سبيل المثال: نجد أن إنفاق الولايات المتحدة في ميدان البحث العلمي يزيد على إنفاق الدول المتقدمة الأخرى مجتمعة مما يسهم في جعل الاقتصاد الأمريكي الأكثر تطورا ونماءً في العالم، وهذا مما يجعلهم يقطفون الثمار الحقيقية لاقتصاد المعرفة.

إن المعرفة والمصادر البشرية هي أهم عنصر من عناصر الإنتاج، وتطويرهما يعد الخطوة الأولى على طريق اقتصاد المعرفة.

تكنولوجيا المعلومات والاتصالات والأزمة المالية العالمية

إن الأزمة المالية العالمية تقلق جميع قطاعات الأعمال والخدمات، وقطاع تكنولوجيا المعلومات والاتصالات هو أحد هذه القطاعات، ولكن نظرا لحساسية القطاع كلاعب في أدوات التطوير والإدارة والتنمية، يمكن القول إنه الحصان الرابح في الأزمة. تحمل الأزمة المالية العالمية فرصاً وتحديات أمام قطاع تكنولوجيا المعلومات والاتصالات والاتصالات، وتتضمن الفرص مجالات عديدة، منها:

1. زيادة حاجة الشركات لإعادة هيكلة أعمالها، وترشيد الانفاق وتحفيز وزيادة الانتاجية، ما سيفتح مجالات جديدة أمام شركات التكنولوجيا.
2. إن مواجهة الركود أو الانكماش الاقتصادي يحتاج إلى التنوع في المنتجات والاسواق وتقليل تكاليف التشغيل، بما يمنح الشركات والمؤسسات المالية، حلولا مناسبة وسريعة في وقت قياسي في ظل أزمة أكثر خطورة على الأوضاع

الاقتصادية لمختلف القطاعات. لذا، فإن مؤسسات قطاع تكنولوجيا المعلومات والاتصالات مطالبة على وجه الخصوص بضرورة تقديم الحلول السريعة لدعم الشركات في خططها.

3. في سبيل تلبية الاحتياجات المستقبلية للطاقة لمختلف قطاعات الاعمال والخدمات فإن مؤسسات قطاع تكنولوجيا المعلومات والاتصالات مطالبة على وجه الخصوص بضرورة تقديم حلولا خاصة لتخفيض استهلاك الطاقة، مع تقديم حلول ما تسمى جرين أي تي Green ICT. إن حلول التكنولوجيا الافتراضية تقدم مزايا وفوائد كبيرة للشركات، فاعتماد الافتراضية يقلل بقدر كبير من التكاليف الكُلية لاستهلاك الكهرباء وتكاليف التبريد ما يؤدي إلى تحقيق وفر في فواتير استهلاك الكهرباء.

4. إن اعتماد التكنولوجيا الافتراضية في الأجهزة المكتبية ومراكز البيانات تتيح فرصا للتوفير في التكاليف وقدرات الإدارة الشاملة التي يحتاج إليها العملاء لتعزيز عملياتهم في مجال تكنولوجيا المعلومات والاتصالات ولتحسين جاهزية نظمهم. وهذه الوفورات ضرورية جداً أيضاً في ظل اقتصاد يتطلب تقليص التكاليف والمزيد من الفعالية. إن التكنولوجيا الافتراضية ليست حِكرا على كبرى المؤسسات والشركات لأنها تلبي متطلبات كل مراكز البيانات في العالم، الصغيرة والكبيرة منها. وهذه المتطلبات هي الأداء والطاقة والقوة والفعالية في استخدام المساحة، والأهم من ذلك، العائد على الاستثمار.

اقتصاد المعرفة: نكرة أم معرفة؟

لقد شاع مؤخرا استخدام مفهوم "اقتصاد المعرفة" في الأوساط الثقافية على الرغم من أن دلالات هذا المفهوم ليست جديدة، إلا أن الجديد في الأمر هو النحت اللغوي لهذا المفهوم على هذا النحو. فهناك العديد من المفاهيم الخاطئة التي تجعل هذا المفهوم مقصورا على استخدام التكنولوجيا المتطورة أو تكنولوجيا المعلومات، لتحل - على سبيل المثال - محل الوسائل التقليدية لزيادة الإنتاجية، أو استخدام التكنولوجيا في تعزيز الإنتاجية في المهن

والحرف المختلفة، أو استخدام التكنولوجيا للمحافظة على البيئة في البلدان النامية. إن الأمثلة السابقة هي مجرد أمثلة تطبيقية لاقتصاد المعرفة، ولا تمثل جوهر مفهوم اقتصاد المعرفة.

إن التغير والتطور سنة من سنن الحياة، فتاريخ البشر على سطح هذا الكوكب مرَّ بتحولات عدة في شتى المجالات، ويعد المجال الاقتصادي من أبرزها لأن الاهتمام به يسهم في تحقيق الرفاهية، والرخاء للمجتمع، وتطوره على كافة الأصعدة الأخرى: السياسية والعلمية والثقافية والاجتماعية، فضلا عن دوره الرئيس في توفير متطلبات الحياة الأساسية للفرد والجماعة. ففي بعض مراحل التاريخ، كان النشاط الزراعي هو العامل الأساسي الذي يتحكم في الاقتصاد؛ أي أن الاقتصاد في هذه الدول قائم على الزراعة أو تسهيلا "اقتصاد الزراعة". وفي فترة أخرى من التاريخ، وخاصة بعد ظهور الثورة الصناعية واكتشاف النفط، بدأت اقتصاديات كثير من الدول تعتمد على النشاط الصناعي؛ وهذه الدول يصبح اقتصادها مبنيا على الصناعة أو يمكن تسميته تسهيلا "اقتصاد الصناعة".

ومنذ بداية عقد الثمانينات من القرن الماضي بدأت البشرية تشهد تحولا ثالثا تمثل بالثورة العلمية والتكنولوجية في مجال الإلكترونيات، والهندسة الوراثية، والاستنساخ، وسبر الفضاء. ولا يخفى على أحد أن تطور تكنولوجيا المعلومات والاتصالات كان له دور الريادة في هذا التحول، الذي مكَّن الإنسان من فرض سيطرته على المصادر الطبيعية إلى حدٍ أصبحت فيه المعرفة أكثر تأثيرا في الحياة الاقتصادية، وفي الحياة العامة من المصادر الطبيعية نفسها. فعلى سبيل المثال: لا تصل تكلفة المواد الخام التي يصنع منها جهاز الهاتف النقال (الخلوي) إلى دينار ونصف؛ ولكن باستثمار المعرفة وإعمالها في هذه المادة الزهيدة الثمن، يجعل منها منتجا ثمينا يباع بعشرات أو مئات الدنانير. وهكذا أصبحت المعرفة المورد الاستراتيجي الجديد في الحياة الاقتصادية والمكمل للموارد الطبيعية.

أما على المستوى العالمي، فقد أصبحت تكنولوجيا المعلومات والاتصالات أحد أهم جوانب تطور الاقتصاد، كما دخلت كثير من المجتمعات، وخاصة في الدول المتقدمة في عصر **"ما بعد الصناعة Postindustrial"**. مما أدى إلى جملة من التحولات التي طالت

مختلف جوانب الحياة -سواء على مستوى الأنشطة الاقتصادية، أو متطلبات سوق العمل، أو العلاقات في مواقع العمل، أو العلاقات الإنسانية والاجتماعية بشكل عام. كما حدث تغير جوهري في التقسيم الدولي لمجالات العمل، حيث تخصص بعضها بعضا في إنتاج المعلومات ومعالجتها وتوزيعها. مما أدى إلى ظهور الاقتصاد المالي العالمي، وصارت السمة المميزة لهذا الاقتصاد هيمنة الأسواق المالية على أسواق السلع والخدمات والمواد الخام. وفي نفس الوقت تمارس تكنولوجيا المعلومات والاتصالات تأثيرا استثنائيا على مجمل منظومة العلاقات الاقتصادية الدولية. فتكنولوجيا المعلومات والاتصالات أدت إلى إقامة "مدى معلوماتي عالمي موحد" تمثل في شبكة الإنترنت. وقد تحقق عبر هذه الشبكة ظهور نظام جديد للعلاقات الاقتصادية الدولية الذي يسمى "**الاقتصاد الافتراضي Virtual Economy**"، الذي تتجلى أهميته في الدور الذي بدأت تلعبه البورصات العالمية التي دخلت كافة المجتمعات على سطح الأرض، فربح من ربح وخسر من خسر.. وهكذا أصبح النشاط الاقتصادي بجملته يعتمد على مستوى ثقافة تكنولوجيا المعلومات والاتصالات التي يمتلكها الفرد. وباختصار، نستطيع القول أن الاقتصاد أصبح قائما على **المعرفة Knowledge Based Economy**، وتسهيلا أصبح يطلق على هذا التوجه "**اقتصاد المعرفة Knowledge Economy**".

إن التوجه نحو " اقتصاد المعرفة" لا بد أن يستند إلى فهم جديد لدور المعرفة والمصادر البشرية في تطوير الاقتصاد وتنمية المجتمع، بحيث تصبح القدرة على إنتاج المعرفة، والحصول عليها، ومعالجتها، وتطويرها، ونشرها، وتوظيفها في مواقع العمل هي العامل الحاسم في تنمية المجتمع وتطويره.

وهكذا نخلص إلى أن مفهوم اقتصاد المعرفة يقصد به: بناء اقتصاد يعتمد على إنتاج المعرفة، ونشرها، واستخدامها من أجل تحقيق النمو والتنافس الاقتصاديين على مستوى الفرد والمجتمع. فقد كانت المعرفة ولا تزال دعامة أساسية لنجاح أي مشروع تنموي أو انتاجي؛ فالمعرفة واستخداماتها المختلفة هي التي أدت إلى التنافس المحموم نحو عولمة الأنشطة الاقتصادية، والتسارع المذهل في مجال العلوم والتكنولوجيا، والتطور الهائل في الأدوار التي تلعبها شبكات الحاسوب والاتصالات. وبعبارة أخرى، أصبحت المعرفة هي

التي تقود عجلة التنافس الاقتصادي وتتحكم بنجاحه، وبذلك أضافت المعرفة قيمة جديدة للمنتجات عن طريق الزيادة في الإنتاجية، وكذلك بطرح منتجات جديدة تتضمن تطبيقات علمية وتكنولوجية جديدة، أدت إلى ثورة حقيقية في جميع القطاعات الاقتصادية.

قدم البنك الدولي إطارا عاما لمساعدة الدول في وضع استراتيجيات محددة المعالم في سبيل التحول نحو اقتصاد المعرفة تمثل في الآتي:

1- بناء نظام اقتصادي يحفز الاستخدام الفعّال للمعرفة الحالية والجديدة ويشجع المبادرات والمشاريع الاقتصادية الجديدة؛

2- تزويد أفراد المجتمع بثقافة ومهارات تمكنهم من المساهمة في إنتاج المعرفة ومشاركتها مع الآخرين، واستثمارها بشكل يحقق مصلحة الفرد والمجتمع؛

3- توفير بنية تحتية لتكنولوجيا المعلومات والاتصالات قابلة للتحديث من أجل تيسير عمليات الاتصال ونشر المعلومات ومعالجتها؛

4- إيجاد بيئة تشجع الإبداع والتجديد تتمثل في مراكز البحث، والجامعات، وشركات استشارية وغيرها من المؤسسات القادرة على مواكبة النتاج المعرفي العالمي المتنامي باستمرار من جهة، وتمتلك القدرة على الإفادة من هذا النتاج المعرفي في إنتاج تكنولوجيا جديدة وتكييفها لتلبية الحاجات المحلية.

إن تنامي التحول نحو اقتصاد المعرفة كإطار عام للتنمية والتطوير جاء نتيجة الانتشار السريع لتكنولوجيا المعلومات والاتصالات في الدول المتقدمة. فالتوجه نحو " اقتصاد المعرفة" لا بد أن يستند إلى فهم جديد لدور المعرفة والمصادر البشرية في تطوير الاقتصاد وتنمية المجتمع، بحيث تصبح القدرة على إنتاج المعرفة، والحصول عليها، ومعالجتها، وتطويرها، ونشرها، وتوظيفها في مواقع العمل هي العامل الحاسم في تنمية المجتمع وتطويره. كما أن امتلاك الفرد القدرة على إنتاج المعرفة ومعالجتها واستثمارها، لا يتحقق إلا بتوفير تربية تزوده بثقافة شاملة في مجال تكنولوجيا المعلومات والاتصالات وتمكنه من العيش بثقة وفاعلية واقتدار في عصره وفي مستقبل حياته.

التربية في عصر اقتصاد المعرفة

بدأت العديد من الدول - وخاصة المتقدمة - بتطوير أنظمتها ومؤسساتها لبناء اقتصاد يقوم على **المعرفة Knowledge Economy** مع الاستمرار في دعم وتطور الزراعة، و/أو الصناعة، و/أو إنتاج الطاقة. فكان نتيجة ذلك أن أي بلد لا يأخذ ما سبق في اعتباره عند إعداد مناهجه وتطوير أنظمته التربوية محكوم على شعبه أن يبقى في عداد المستهلكين، ومن الشعوب التي تعيش لتكرر أخطاء التاريخ ولا تستفيد من تجاربها أو تجارب الأمم الأخرى. ففي هذه المجتمعات تكون الحكومات دائما أما تحديات وظروف حرجة وما تلبث أن تخرج من ضائقة حتى تدخل بضائقة أمر منها..

إن تكنولوجيا المعلومات والاتصالات غيرت كل شيء في حياتنا سواء أكان في البيت، أو في مكان العمل، أو حتى في طريقة تفكيرنا حين نكون مع الآخرين أو حين نخلو مع أنفسنا؛ لذا يتطلب هذا الأمر تطوير التعليم بمختلف مراحله وأنواعه، لأن النظام التربوي الذي شكله عصر الثورة الصناعية لا يمكن أن يواكب متطلبات عصر اقتصاد المعرفة.

إن المهارات والمواد الدراسية اللازمة للنجاح في المدرسة، والجامعة لم تعد هي المهارات والصفات اللازمة للنجاح في العمل والحياة. إن المعلومات المحفوظة في دماغ أو كتاب أو ملف لا تكفي للعمل أو الحياة. فما هي خصائص المدرسة في عصر اقتصاد المعرفة؟

الجدول الآتي؛ هو محاولة لبيان خصائص التربية في عصر التكنولوجيا:

المقارنة	خصائص مدارس عصر ما قبل التكنولوجيا	خصائص مدارس عصر التكنولوجيا
استراتيجية التدريس	- تركز على المهارات الأساسية؛ - الامتحان منفصل عن التعلم والتعليم.	- تركز على مهارات التفكير، التقييم متكامل مع التعلم والتعليم.
بيئة التعلم	- حفظ واسترجاع من ذاكرة قصيرة المدى؛ - الطلبة يعملون كأفراد؛ - التعليم التعلم خطي.	- يبني الطلبة المعرفة لأنفسهم ويتعاونون لحل المشكلات؛ - يتعلمون المهارات في محتوى أو إطار من المشكلات الحقيقية.
الإدارة	- الإشراف تقوم به الإدارة.	- الإشراف محوره المتعلم ويوجهه المعلم.
النتاج	- بعض الطلبة يتعلمون التفكير.	- كل الطلبة يتعلمون التفكير.

مبررات إدخال تكنولوجيا المعلومات والاتصالات في التعليم

إن الاعتراف المتزايد بأهمية تكنولوجيا المعلومات والاتصالات في شتى مناحي الحياة، لا بد أن يدفعنا إلى دراسة الطبيعة المتغيرة للكفايات المترابطة باستخدام تكنولوجيا المعلومات والاتصالات. بالإضافة إلى ضرورة صياغة إطار عام وتحديد مكونات ثقافة تكنولوجيا المعلومات والاتصالات. وفي ضوء ذلك يمكن وضع معايير محددة لثقافة تكنولوجيا المعلومات والاتصالات التي ينبغي لمؤسسات التعليم إكسابها للطلبة.

إن المبررات الأساسية لادخال تكنولوجيا المعلومات والاتصالات تستند إلى قضايا أساسية تهم كل من متخذي القرار والمشتغلين في مجال التعليم بكافة مراحله، وهي كالأتي:

1- ثقافة تكنولوجيا المعلومات والاتصالات تعمل على تغيير الطبيعة الأساسية للمعرفة والمعلومات في المجتمع.

إن نمو تكنولوجيا المعلومات والاتصالات الرقمية وزيادة الطلب عليها -والتي من ضمنها إمكانية الوصول إلى **البيئات المشتركة والشبكات الإلكترونية Networking and Shared Environments** – تعمل على تغيير طبيعة العلاقات الاجتماعية وإمكانية التعاون، كما إن كافة أشكال التكنولوجيا الرقمية تتيح إمكانية توفر المعلومات بصورة دائمة وفرص توظيفها في شتى الاستخدامات. فالحاسب أصبح يقوم بدور المساعد **الرقمي الشخصي Personal Digital Assistants PDA**، وتعتبر المصادر المتوفرة على الشبكة العالمية والشبكات المحلية وأنظمة الاتصال الخلوية توفر للمرء أن يصل بقدراته العقلية إلى أقصى الحدود الممكنة. كما إن المشاركة في هذا العالم الرقمي أصبح بشكل متسارع متطلبا أساسيا للنجاح في مختلف أوجه النشاط الاجتماعي.

2- ثقافة تكنولوجيا المعلومات والاتصالات – بأشكالها المختلفة وتنوعها الواسع وأجيالها المتعاقبة - لها القدرة على تطوير أنماط الحياة، والتعلم، والعمل.

إن المستويات المتقدمة لثقافة تكنولوجيا المعلومات والاتصالات لها القدرة على إحداث تحولات في حياة الأفراد الذين يحرصون على اكتساب المعارف والمهارات التكنولوجية واستمرار تطويرها. فكما أثبتت الدراسات التربوية أن التعليم الإلزامي يؤدي إلى تطوير طرق التعلم وأنماط التفكير لدى الأفراد؛ فقد توصل الباحثون إلى أن تطبيقات تكنولوجيا المعلومات والاتصالات تؤدي إلى نفس النتيجة. فعلى سبيل المثال، لاحظ الباحثون المهتمون بدراسة كيفية اكتساب الفرد لمهارتي القراءة والكتابة أن أنماط التعلم، والتدريب، والممارسة لهاتين المهارتين تختلف من حضارة إنسانية إلى أخرى (Heath, 1980; Scribner & Cole, 1981; Szwed, 1981). ولهذا نجد أن العمليات العقلية المتعلقة بهذه السلوكات والممارسات المتعددة ترتبط بقدرة الفرد على اكتساب الأشكال المختلفة للمعارف والمهارات.

إن الطبيعة المتحولة لتكنولوجيا المعلومات والاتصالات ربما تكون قادرة على أن تؤثر وتغير بنفس الطريقة ليس فقط بنوعية الأنشطة التي نقوم بها في المدرسة، أو الجامعة، أو

البيت، أو المجتمع، ولكن أيضا في كيفية قيامنا بهذه الأنشطة. فكما هو الحال بالنسبة لمهارتي القراءة والكتابة، فإن تكنولوجيا المعلومات والاتصالات قادرة على تغيير أنماط التفكير والتعلم بحيث يستفيد منها ليس فقط الأفراد الذين يملكون هذه المهارات والمعارف وإنما المجتمع بصورة عامة.

3- ثقافة تكنولوجيا المعلومات والاتصالات لا يمكن النظر إليها على أنها مجرد امتلاك المعرفة وإتقان المهارات التطبيقية والفنية المتعلقة باستخدام الحاسوب والإنترنت.

لا بد من وضع حدود واضحة لمفهوم تكنولوجيا المعلومات والاتصالات بحيث يشتمل على مهارات عقلية أساسية مثل: مهارات القراءة، وتحليل أدبيات النص، والقدرة على التعامل بلغة الأرقام، ومهارة حل المشكلات، ومهارة التفكير الناقد، بالإضافة إلى التكامل بين هذه المهارات من جهة، والمهارات والمعارف التطبيقية والفنية المتعلقة باستخدام الحاسوب والإنترنت من جهة أخرى. ونظرا لأهمية هذه المهارات العقلية الأساسية، فإن المستويات الحالية لهذه المهارات تشكل عائقا أمام امتلاك ثقافة شاملة لتكنولوجيا المعلومات والاتصالات. وجدير بالذكر أن هناك مستويات متدنية بصورة ملفتة للنظر في ثقافة تكنولوجيا المعلومات والاتصالات في مختلف دول العالم، وهذه الظاهرة ليست مقصورة على الدول النامية، بل وحتى في دول الاتحاد الأوروبي والولايات المتحدة الأمريكية يوجد شريحة واسعة من فئة الشباب فشلت في اكتساب الحد الأدنى من ثقافة تكنولوجيا المعلومات **والاتصالات** (OECD, 2001a) ومما لا شك فيه أنه دون امتلاك هذه المهارات لا يمكن الوصول إلى ثقافة شاملة لتكنولوجيا المعلومات والاتصالات.

4- وجود نقص في المعلومات حول المستويات الحالية لثقافة تكنولوجيا المعلومات والاتصالات في معظم دول العالم.

إن البيانات والمعلومات التي يمكن جمعها عن طريق تقييم وتشخيص الاختبارات في مختلف دول العالم من أجل مساعدة الحكومات، والمؤسسات التربوية - كالمدارس والجامعات، والمنظمات والاتحادات في القطاع الخاص- على التعرف على مستوى ثقافة تكنولوجيا المعلومات والاتصالات، ونقاط الخلل والعوائق التي تحول دون امتلاكها بصورة

شاملة وفاعلة. فهذه البيانات والمعلومات ستكون على درجة من الأهمية في تحليل مخرجات ونتاج السياسات والبرامج والمشاريع التربوية التي تنفذ حاليا في مختلف دول العالم، وفي نفس الوقت ستسهم في التوصل إلى استراتيجيات جديدة وأكثر فاعلية.

إذا كانت تكنولوجيا المعلومات والاتصالات تعمل في الوقت الحاضر على إحداث تغييرات وتحولات في أنماط الحياة، وأساليب التعلم، وطرق التفكير، فماذا ستكون النتيجة المنطقية لعدم كفاية المهارات التي ينبغي أن يمتلكها الأفراد في هذا المجال؟

إن الآثار السلبية التي ستترتب على ذلك عديدة جدا ولن يقتصر تأثيرها على الأفراد فحسب، بل ستتعدى ذلك إلى المجتمع بأسره. فقد أكد **جاري بيكر** (Becker, 2002) - الحائز على جائزة نوبل في الاقتصاد- على أن القدرة البشرية ستكون أهم مصدر ربح وأفضل شكل لرأس المال في المجتمعات الحديثة. وفي الاقتصاد العالمي الجديد الذي تشكلت ملامحه خلال السنوات العشر الماضية، سيعيش الأفراد والمجتمعات التي تمتلك هذه المهارات برخاء، في حين سيبقى الآخرون الذين لا يمتلكون هذه المهارات يناضلون من أجل توفير متطلبات الحياة الأساسية.

إن القدرة البشرية المزودة بالمعرفة، والمهارات، والاتجاهات الكافية والمناسبة لمتطلبات عصر اقتصاد المعرفة هي التي ستسهم في تحقيق الرخاء الاقتصادي على المستويين: الاجتماعي والفردي، وتشير نتائج الاستطلاعات الحديثة، التي تجرى على المستويات المحلية والعالمية، إلى أن امتلاك ثقافة تكنولوجيا المعلومات والاتصالات لا تساعد الفرد في الحصول على وظيفة النجاح فيها فحسب؛ بل تساعد أيضا في التنبؤ في مدى قدرة الفرد على المشاركة في الأحداث الاجتماعية والسياسية، وفي نشاطات التعلم مدى الحياة، وفي الانتخابات العامة. هذه النتائج تؤكد على أن ثقافة تكنولوجيا المعلومات والاتصالات ستكون القنطرة التي تربط بين التربية والصحة، أو العامل المساعد في التفاوت الملحوظ في نوعية الخدمات الصحية التي تقدم في الدول المتقدمة وتلك التي تقدم في الدول النامية. لهذا، نجد أن المكاسب غير الاقتصادية لثقافة تكنولوجيا المعلومات والاتصالات والتي تتمثل في تحقيق الرخاء الشخصي والمزيد من القدرة على التواصل الاجتماعي، ينظر إلى هذه المكاسب على

أنها لا تقل أهمية عن المكاسب الاقتصادية وعوائد سوق العمل. فالبعض يرى أن تكنولوجيا المعلومات والاتصالات ستصبح هي الثقافة الأساسية في **القرن الحادي والعشرين** (Partnership for 21st Century Skills, 2003).

وعلى الرغم من الإجماع الواسع المنتشر بين فئة الشباب حول ضرورة امتلاك ثقافة تكنولوجيا المعلومات والاتصالات، لا زال هناك نقص حاد في المعلومات المتوفرة التي يمكن أن نتعرف عن طريقها على مكونات ثقافة تكنولوجيا المعلومات والاتصالات اللازمة للأفراد وكيف يمكن التعامل مع أبعادها. وقد أشارت الهيئة العالمية في **مركز الخدمات التربوية الأمريكي** Educational Testing Service إلى أن هذا يمكن أن يعزى إلى أن الباحثين يركزون بشكل خاص على امتلاك تكنولوجيا المعلومات والاتصالات. فالكم هائل من الدراسات التي سعت إلى الكشف عن مستوى **الفجوة الإلكترونية (أو الانقسام الرقمي)** Digital Divide بين الدول التي تمتلك أجهزة الحاسوب، والتطبيقات والبرمجيات، والشبكات، وبين تلك التي لا تمتلكها. ومما لا شك فيه، أن امتلاك التكنولوجيا أمر مهم جدا، ولكن زيادة التعرض للتكنولوجيا لن يؤدي بشكل تلقائي إلى زيادة القدرة على استخدامها، ومجرد امتلاك التكنولوجيا لن يؤدي إلى فهمها واستيعابها.

ولا بد هنا أن نفرق بين **الجاهزية الإلكترونية** e-readiness **والجاهزية المعرفية** k-readines . **فالجاهزية الإلكترونية** تتعلق بتوفير المتطلبات المادية للبنية التحتية لتكنولوجيا المعلومات والاتصالات والمهارات اللازمة للمواطنين للاستفادة منها. في حين أن **الجاهزية المعرفية** k-readiness تضم تطوير وتحديث النظام التربوي، والتدريب المهني، ومراكز البحث العلمي، ودعم المؤسسات التي تشجع الإبداع والابتكار. فالجاهزية المعرفية تتعلق بقدرة الدولة على إنتاج المعرفة، ومشاركتها مع الآخرين، وتطبيقها على المستوى المحلي في كافة القطاعات الاقتصادية، سواء احتاجت أم لم تحتاج إلى استخدام تكنولوجيا المعلومات والاتصالات.

إن الأمر الذي يفرض نفسه بقوة في هذه المرحلة هو الحاجة إلى برنامج تقييم يساعد في الكشف عن مستوى امتلاك الأفراد لمجموعة المهارات العقلية والتقنية ليكونوا أفرادا منتجين

بكفاءة واقتدار في عصر التكنولوجيا، ومؤهلين للعيش بثقة وفاعلية في مجتمع قائم على التكنولوجيا.
لذا لا بد من القيام بالعديد من الدراسات بهدف التعرف على شروط ومعايير تصميم اختبارات باستخدام
الحاسوب تقيس كفاءات ثقافة تكنولوجيا المعلومات والاتصالات لدى الأفراد والتي تعكس التكامل بين
العمليات العقلية وتكنولوجيا المعلومات والاتصالات، وليس فقط مهارات استخدام التكنولوجيا.

الجهود العالمية في إدخال تكنولوجيا المعلومات والاتصالات في التعليم

إن المتتبع لتجارب بعض الدول في مجال إدخال تكنولوجيا المعلومات والاتصالات في التعليم يجد أن
معظم الدول في العالم وخاصة المتقدمة قد قامت بوضع خطط رسمية في مجال تكنولوجيا المعلومات
والاتصالات، وبدأت خطتها بناءً على تقارير رسمية، كما أنها انطلقت نحو التطوير والتنمية الشاملة التي
تبنى على اقتصاد المعرفة، بل تعدى الأمر إلى أنه في بعض الدول أصبح الحاسوب التعليمي هو جزء من
خطة وطنية شاملة على مستوى الدولة ولم تقف على مستوى الأفراد.

إن أهم سمات التجارب العالمية في هذا المجال هي:

1- إن جميع الدول المتقدمة قامت بوضع خطط رسمية على مستوى الدولة في مجال المعلوماتية
   بصفة عامة، وجاء استخدام تكنولوجيا المعلومات والاتصالات كأحد الأنشطة التطبيقية التي
   تضمنتها هذه الخطط.

2- إن خطط جميع الدول تشمل توفير المستلزمات المادية وبناء القدرات، كالأجهزة، والبرامج،
   والشبكات، والتدريب.

3- إن جميع الدول تقوم بتقسيم خططها التعليمية إلى مراحل، وقد يستغرق المشروع حوالي عشر
   سنوات كما في كوريا.

4- بعض الدول بدأت في تنفيذ خططها من المرحلة الابتدائية ودول أخرى بدأ من المرحلة الثانوية
   وهذا شائع في دول العالم الثالث؛

5- إن الدول المتقدمة انتقلت من موضوع خطط الحاسوب إلى خطط إدماج تكنولوجيا المعلومات والاتصالات في التعليم؛

6- تنامي دور القطاع الخاص، بالإضافة، إلى مشاركة وزارة الاتصالات مع وزارة التربية لتبني خطة المعلوماتية في التعليم.

خصائص مخرجات التربية في عصر التكنولوجيا

على الرغم من الاهتمام المتزايد بضرورة اكتساب الأفراد لمهارات تكنولوجيا المعلومات والاتصالات لما لها من دور في رفع مستوى التحصيل الدراسي، وإنتاجية المؤسسات التربوية، وزيادة الدافعية للتعلم، والتعلم مدى الحياة؛ ليس هناك اتفاق عالمي حول ماهية الكفايات المتعلقة بتكنولوجيا المعلومات والاتصالات التي يحتاجها الأفراد من جهة، وما هي أفضل الطرق لتقييم مدى اكتسابهم لها من جهة أخرى.

إن إعداد المتعلمين وتأهيلهم لمواجهة تحديات المستقبل يعد عنصرا حيويا في أي نظام أو مؤسسة تربوية. والمستقبل بالنسبة لهؤلاء المتعلمين مهما اختلفت مواقع عملهم سيضم بالتأكيد بعض أشكال تكنولوجيا المعلومات والاتصالات التي نعرفها اليوم، بالإضافة إلى التكنولوجيا التي لم تعرف بعد. فمثل هذه التكنولوجيا ستصبح بشكل متزايد أكثر أهمية في حياة الإنسان اليومية وسوف يطغى استخدامها في السنوات القليلة القادمة على كافة مناحي الحياة. وليس الأمر متعلق فقط ببعض مواقع العمل والوظائف المتخصصة، وإنما أصبحت القدرة على استخدام تكنولوجيا المعلومات والاتصالات بفاعلية شرطا رئيسا لإشغال ما يقارب ثمانين بالمائة من مواقع العمل والوظائف الحيوية التي يزداد الطلب عليها يوما بعد يوم في مختلف دول العالم. وبعيدا عن مواقع العمل والوظائف الرسمية فإن طرق الحصول على المعلومات وإدارتها وإمكانية الاتصال بين الأفراد في المدرسة، أو الجامعة، أو البيت، أو أي مؤسسة في المجتمع أصبحت تعتمد بشكل متزايد على مهارة الفرد في استخدام التكنولوجيا. فمعظم نشاطات الفرد في وقتنا الحاضر تعتبر دليلاً على ذلك، فقيام المرء مثلاً بجمع بعض المعلومات عن المرشحين للانتخابات، أو شراء سلعة، أو التعرف على

كيفية استخدام برنامج أو منتج إلكتروني، أو الحصول على معلومات عن مفهوم جديد أو غريب، أو إدارة الشؤون المالية للفرد، أو البحث عن معلومات، أو الاتصال مع صديق أو زميل، يتطلب كل ذلك بالتأكيد القدرة على استخدام تكنولوجيا المعلومات والاتصالات.

ولكن ما هي خصائص مخرجات النظام التربوي بكافة مراحله التي يحتاجها سوق العمل في عصر اقتصاد المعرفة؟

يتوقع أن تسعى الأنظمة التربوية إلى تطوير مكوناتها بحيث تصبح مخرجاتها تمتلك مجموعة من الكفايات الأساسية وأخرى متقدمة.

أولا: الكفايات الأساسية.

وتشتمل الكفايات الأساسية على المهارات الآتية:

1- **مهارات أكاديمية:** وهي مهارة القراءة، والكتابة، والتعامل بالأرقام، والتعبير. ولا يقصد بهذه المهارات مهارات محو الأمية المعروفة، ولكن يقصد بها ما يلي:

أ- **القراءة:** أن يتقن المرء مهارة البحث عن المعلومات المتعلقة بالموضوع الذي يقع تحت دائرة اهتمامه سواء البحث الإلكتروني أو البحث اليدوي، ويجيد تنظيم واستخدام وقراءة الملفات والوثائق بما في ذلك **الأدلة** Manuals، والرسوم البيانية، والجداول والبرامج للقيام بالعمل المطلوب، ويحدد من النص الفكرة الرئيسة أو الرسالة الأساسية. ويحدد التفاصيل، والحقائق، والمواصفات ذات العلاقة، ويستنتج أو يعين الكلمات والمصطلحات الفنية وغير المألوفة. ويستطيع الحكم على مدى دقة، أو ملاءمة أسلوب، أو معقولية المعلومات والتقارير التي يقرؤها والمقارنة بين الآراء المختلفة.

ب- **الكتابة:** يستطيع نقل الأفكار والمعلومات، أو الرسائل إلى الآخرين كتابة، ويسجل المعلومات كاملة وبدقة، ويؤلف وينشئ الوثائق **كالرسائل** Letters، والتوجيهات، والأدلة، والتقارير، والرسومات البيانية، والمخططات السهمية Flowchart، ويستخدم اللغة، والأسلوب، والتنظيم، والبيئة المناسبة لمادة الموضوع والهدف

والجمهور ذي العلاقة، ويوثق ما يكتب بحيث يدعم رأيه ويحترم جهود ونتاجات الآخرين، ويبين وجهات النظر المعارضة، ويهتم بمستوى التفصيل المناسب، ويدقق ويحرر ويراجع من أجل ضمان موضوعية المعلومات، ويهتم بمناسبة مستوى اللغة للموضوع.

ج- **التعامل بالأرقام:** يخاطب المشكلات العملية باختيار الأنسب من التقنيات الرياضية. ويستخدم البيانات الكمية لبناء تفسيرات منطقية لأوضاع أو حالات واقعية، ويستطيع التعبير عن الأفكار والمفاهيم الرياضية شفاهه وكتابة، ويظهر دور الصدفة في وقوع الحوادث ويتنبأ بوقوعه. ومن ضمن ذلك قراءة الأشكال والرسومات البيانية وتحليلها. فعلى سبيل المثال، لا يخفى على أحد اليوم أنه لا يمكن تحقيق أي نجاح في بورصات المال العالمية لمن لا يحسن التعامل مع الأرقام وقراءة وتحليل الأشكال البيانية للتعرف على توجهات السوق. وخلاف ذلك سيكون ضحية للشائعات والقراصنة.

د- **الكلام:** ينظم الأفكار وينقل الرسائل الشفهية والمواقف المناسبة للمستمعين، ويشارك في الحديث والنقاش **والعروض التقديمية Presentation،** وينتقي القناة المناسبة لنقل الرسائل، ويستخدم اللغة، وأشكال أخرى من التعبير (كلغة الجسم) في أسلوب ونبرة مناسبة للجمهور. ويتكلم بوضوح ويوصل الرسالة، ويفهم ويستجيب لما **يتلقى من تغذية راجعة** Feedback من المستمعين، ويطرح الأسئلة عند اللزوم، ويستقبل أو يتنبه لما يقال، ويفسر ويستجيب للرسائل اللفظية، ويستوعب ويقيّم ويقدر المتكلم أو يؤيده عندما يكون الموقف يتطلب هذا.

2-   **مهارات التفكير Thinking Skills:** ويتكون من ستة مستويات فرعية أو مهارات وهي:

أ- **مهارة التفكير الخلاق أو المبدع:** يستخدم فيه الخيال بحرية تامة ويربط الأفكار والمعلومات بطرق جديدة، ويصل بين الأفكار والأهداف، بطرق تميط اللثام عن الاحتمالات الجديدة.

ب- **مهارة اتخاذ القرار:** يحدد الأهداف والعوائق، ويقدم البدائل ويقيمها ويختار أفضلها، ويحسب حساب المخاطر.

ج- **مهارة حل المشكلات:** يدرك أو يعترف أن هناك مشكلة (مثل وجود فرق بين ما هو كائن وما يجب أن يكون أو ما يمكن أن يكون)، ويحدد الأسباب الممكنة لهذا التباين، ويستنبط خطة عمل وينفذها لحل المشكلة، ويقيم التقدم ويراقب مساره، ويراجع الخطة عن طريق النتائج.

د- **مهارة رؤية الأشياء بعين العقل:** ينظم **ويعالج** Process الرموز والصور، والرسوم البيانية، ومثال ذلك رؤيته لبناية عن طريق تصميمها المعماري، وكيفية عمل **نظام** System من **مخططاته** Schematics، وسير العمل من وصفه بالكلمات، كمن يتعرف على طعم الغذاء من وصفة إعداده.

هـ- **مهارة التعلم:** يعرف تقنيات التعلم ويستخدمها في تطبيق وتكييف المعرفة والمهارات الجديدة في المواقف المألوفة والمتغيرة. ويشتمل ذلك الدراية بأدوات التعلم مثل: أساليب التعلم الذاتية (البصرية والسمعية...) واستراتيجيات التعليم النافذة أخذ الملاحظات، أو الربط بين العناصر ذات الخصائص المشتركة، أو غير النافذة كالوعي بالفرضيات الزائفة التي يمكن أن تؤدي إلى استنتاجات خاطئة.

و- **الاستدلال Reasoning:** يكتشف قاعدة أو مبدأ، ويفسر العلاقة بين موضوعين أو أكثر، ويطبقه لحل مشكلة، ويستخدم المنطق للوصول إلى استنتاجات من المعلومات المتوافرة. ويستخرج القواعد أو المبادئ من عدد من الموضوعات أو من نص مكتوب. ويطبق القواعد والمبادئ في المواقف الجديدة؛ ويقرر أي الاستنتاجات صحيح في ضوء مجموعة من الحقائق والاستنتاجات.

3- الصفات الشخصية Personal Qualities :

وتتمثل هذه الصفات في:

أ- **المسؤولية**: يبذل جهودا كبيرة لتحقيق الهدف والتميز في العمل عن طريق وضع معايير عالية المستوى، وينتبه إلى التفاصيل ومتطلبات العمل الجيد. ويظهر مستوىً عالٍ من التركيز حتى وإن كانت المهمة غير سارة. كما يصدر عن معايير عالية الأداء للالتزام بالوقت، وإبداء الحماس، والتفاؤل في مجابهة العمل وإتمامه؛

ب- **تقدير الذات**: يؤمن بقيمته الذاتية، ويحتفظ برؤية إيجابية عن نفسه. ويعبر عن معرفته بمهاراته وقدراته، وعن وعي بأثره على الغير، ويعرف حاجاته ومدى الاحتمال الوجداني لديه وكيفية مخاطبتها؛

ج- **إدارة الذات**: يعرف مدى ما يعرف، ويحدد مهاراته وقدراته بدقة؛ ويضع أهدافاً شخصية محددة وواقعية ويراقب مشواره نحو تحقيقها، ويحرض نفسه على المزيد من الإنجاز وضبط النفس، ويستجيب للرجع دون توتر ودون دفاعية فهو مبادر أو **محرك لنفسه بنفسه** Self Starter ؛

د- **التواصل الفعال مع الآخرين**: يبدي الفهم والصداقة والتكيف والمشاركة الوجدانية والتأدب في الظروف الاجتماعية القائمة أو الجديدة، ويؤكد ذاته في المواقف الاجتماعية المألوفة وغير المألوفة، ويعرف كيف يصل نفسه بالآخرين وينتمي إليهم، ويستجيب بصور مناسبة لمتطلبات الموقف، ويهتم بما يقوله الناس ويفعلونه؛

هـ- **النزاهة والأمانة**: يمكن الوثوق به والاعتماد عليه. يميز أو يعترف عندما يضطر لاتخاذ قرار أو العدول عن سلوك لا ينسجم مع ما هو مألوف عنده في قناعات شخصية أو قيم اجتماعية. ويفهم تأثير تلك القيم ومعايير السلوك على المؤسسة, والذات، والغير، ويختار منحىً أخلاقياً للتصرف والسلوك.

ثانيا: الكفايات المتقدمة

وتتألف من خمس كفاءات هي:

1- الكفاءة في إدارة الموارد من حيث تحديدها وتنظيمها وتخطيطها وتخصيصها عن طريق:

أ- **الوقت:** يختار نشاطات ذات علاقة بالهدف، ثم يرتبها ويحدد الوقت ويعد البرامج اللازمة لذلك ويتابعها؛

ب- **المال:** يستخدم الميزانية أو يعدها، ويعد التنبؤات، ويحفظ السجلات، ويجري التعديلات اللازمة لتحقيق الأهداف؛

ت- **المواد والمرافق:** يحصل على المواد اللازمة ويخزنها أو يخصصها للأقسام والمواقع ذات العلاقة، ويستخدم المساحات المتوافرة ببراعة؛

ث- **الموارد البشرية:** يزن المهارات الموجودة ويوزع الأعمال طبقاً لها، ويقيم الأداء، ويقدم **التغذية الراجعة** Feedback.

2- الكفاءة في التعامل مع الآخرين Interpersonal Competency:

أ- يشارك كعضو في فريق ويبذل الجهد المطلوب؛

ب- يعلم الآخرين المهارات الجديدة؛

ج- يخدم الزبائن (العملاء) ويكون عند توقعاتهم؛

د- يقود ويوصل أفكاره التي تبرر مركزه وتقنع الآخرين بقيادته لهم، ويتحدى الإجراءات والسياسات المعمول بها في المؤسسة؛

هـ- يفاوض ويعمل للتوصيل لاتفاقيات تتضمن تبادل الموارد ويوفق بين المصالح المتباينة.

3- الكفاءة في إدارة المعلومات عن طريق:

أ- الحصول على المعلومات وتقيّمها؛

ب- تنظيم المعلومات والمحافظة عليها؛

ج- تفسير المعلومات وتوصيلها؛

د- استخدام الكمبيوتر ومعالجة المعلومات.

4- الكفاءة في إدارة النظم Systems: يفهم العلاقات المعقدة الناشئة بين الأشياء:

أ- يفهم النظم Systems ويعرف كيف تعمل وتدور بفاعلية: اجتماعية وإدارية وتكنولوجية؛

ب- يراقب الأداء ويصححه ويدرك الاتجاهات ويتنبأ بتأثيرها على علميات النظام، ويشخص الانحرافات في الأداء ويصحح الأخطاء؛

ج- يطور النظم ويصممها، ويقترح إجراء التعديلات الضرورية، ويطور نظماً بديلة لتحسين الأداء عند الحاجة لها.

5- الكفاية في إدارة التكنولوجيا:

فيعمل في إطار متنوع من التكنولوجيا:

أ- ينتقي التكنولوجيا المناسبة للعمل، ويختار الإجراءات والأدوات والأجهزة بما في ذلك الحاسبات والتكنولوجيا ذات العلاقة؛

ب- يطبق التكنولوجيا على العمل، ويفهم الموقف الإجمالي والإجراءات المناسبة وكيفية تشغيل الأجهزة؛

ج- يحافظ على الأجهزة ويصلح أعطالها، ويمنع وقوع المشكلات ويحددها ويحلها بما في ذلك الحاسبات والتكنولوجيا الموجودة.

الجامعة وتحديات تكنولوجيا المعلومات والاتصالات

إن معظم الدول (على الأقل المتقدم منها) تتجه منذ أكثر من عقدين نحو بناء اقتصادياتها على المعرفة، وعلى البحث العلمي وعلى التطوير التكنولوجي بدلا من ارتكازها (كما كان الحال لعقود عديدة سابقة) على المواد الطبيعية والقوى البشرية والمصادر المادية المباشرة. وهذا يعني أن الأمم والمجتمعات أصبحت تمحور مفاصل تنميتها تدريجيا بجهة تبني الأنشطة المتمركزة حول البحوث العلمية والتطويرات التكنولوجية والمعارف المعتمدة على الكفاءات العالية. وخير شاهد على ذلك أن المضامين المعرفية والعلمية والتكنولوجية للعديد من السلع والخدمات المتداولة أصبحت أكثر حجما وقيمة ومساهمة في الاقتصاد العالمي من المواد الأولية أو الاستخراجية أو المادية التي كانت إلى حين عهد قريب المكون المركزي لذات السلع والخدمات. فعلى سبيل المثال، طالت الأزمة المالية العالمية التي بدأت في الربع الأخير من عام 2008 شركات التكنولوجيا الكبرى في العالم حيث هبطت أسعار أسهم كبرى شركات التكنولوجيا في العالم مثل مايكروسوفت وغوغل وأمازون وياهو وإي بي وديل وإنتل وسيسكو وهوليت باكارد وأوراكل وأي بي أم.

والحقيقة أن ثورة تكنولوجيا المعلومات والاتصالات لم تعد فقط قاطرة التنمية الاقتصادية والاجتماعية للعديد من دول وشعوب العالم، بل أضحت سمة العصر في تحديد أو إعادة تحديد طبيعة التنمية المنشودة في هذه الدولة أو تلك.

ظهر في عصر تكنولوجيا المعلومات والاتصالات الاتجاه المتزايد للعديد من القطاعات بجهة التقارب والاندماج والتداخل. ليس التلميح هنا فقط إلى اندماج شبكات الاتصالات بالمعلومات وبشبكات التلفزة والقنوات الفضائية وشتى فروع الألكترونيات وغيرها، بل وأيضا إلى العديد من المجموعات الإنتاجية والخدماتية التي كان لهذه الطفرة فضل في توسيع فضائها أو تدويل أنشطتها أو بلوغ قطاعات لم تكن ضمن اهتماماتها في السابق.

إن العديد من المفاهيم والتصورات، التي كانت مسلمات سابقا، لم يعد لها نفس المعنى ولا نفس الحمولة الرمزية ولا نفس المدلول الذي كان يميزها إلى حين عهد قريب: ما معنى رأس المال مثلا وملايير الدولارات تتنقل بالشبكات التكنولوجية في التجارة الالكترونية؟ وما

معنى أن تبقي مؤسسة إنتاجية على طريقة تنظيمها الهرمي والكل أضحى اليوم منظما (أو هو في طريقه إلى ذلك) بشكل شبكي؟ ما معنى الإبقاء على الحدود بين حقول معرفية (من قبيل البيولوجيا أو المعلوميات أو الفلسفة) وهي مبنية في طبيعتها على نمط منظومي شبيه؟

بالتالي، فالمنظومة التربوية والتعليمية (من المدرسة إلى الجامعة إلى مؤسسات البحث العلمي) لم تعد فقط على المحك في أدواتها وأدوات اشتغالها وطرق تواصلها، بل غدت في محك من فلسفتها ووظيفتها والمنظومة القائمة عليها في الشكل كما في الجوهر.

إن السياق العام الذي ستعمل في ظله الجامعة ومؤسسات التعليم العالي يجب أن يستحظر كل هذه المستويات: ثورة تكنولوجية شاملة، عميقة وذات تفرعات مختلفة، قطائع مؤسساتية جوهرية تطال الوظائف والأدوار والمنظومات وصيرورة جديدة تختزلها ظواهر جديدة من قبيل العولمة والشوملة (إن جاز التعبير) وانفتاح الأسواق والفضاءات.

قد لا يتعذر على المرء استقراء واقع مؤسسات التعليم العالي في الدول المتقدمة على ضوء ما ورد من معطيات وملاحظات، لكنه يتعذر إلى حد كبير في حال العديد من دول الجنوب ومن ضمنها الدول العربية. حيث الجامعة في العالم العربي تعيش أزمات مركبة كبرى:

1- **أزمة هوية:** فالجامعة لم تعد تدري ما المطلوب منها تحديدا، هل المطلوب منها تكوين الإنسان بغرض منحه إمكانات وسبل التعايش مع عصره بصرف النظر عن إكراهات المحيط المباشر أم الغرض منها توفير "موارد بشرية" وفق ما تفرضه متطلبات السوق وتقتضيه حاجات المؤسسات الإنتاجية؟ بمعنى آخر، هل الجامعة هي التي تقود عجلة التطوير والتحديث في سوق العمل والانتاج وفي المجتمع؟ أم أن سوق العمل هو الذي يقود الجامعة لتعديل برامجها ومناهجها لتلبية احتياجات والمجتمع؟ فالجامعة أصبحت في الدول العربية تبحث عن هويتها ودورها ومستقبلها، بدلا من أن تكون مصدرا لتحديد هوية المجتمع ومستقبله. الطفرة التكنولوجية الحاصلة في ميدان الإعلام والاتصال من حولها لا تضعها فقط في سياق موضوعي يسائلها في الجوهر بل أضحت الجامعة جراءها ولكأنها بمعزل عن ذات المحيط منفصلة عنه لدرجة الانفصام.

2- **أزمة مشروعية:** لم تعد الجامعة تتحصل مشروعيتها من كم أو نوعية البحوث والدراسات التي تنتج داخلها بل إن مشروعيتها ومكانتها أصبحت كامنة في جدوى هذه البحوث والدراسات في تطوير وتنمية المجتمع المحلي والانساني على المستويين العملي والتطبيقي. ولهذا يزداد الفصام يوما بعد يوم بين الجامعة في الدول العربية ومجتمعها المحلي والانساني لأن الجامعة ذاتها انفصمت عن غاياتها الكبرى على مستوى تأهيل الكوادر وتأصيل البحث العلمي في مكوناتها.

3- **أزمة مصداقية:** إن تدني مستوى مخرجات التعليم الجامعي بصورة أساسية أصبح حقيقة يلمسها بسهولة كل صاحب عمل الأمر الذي أدى إلى تدني القيمة الاعتبارية التي كانت الجامعة تتمتع بها إلى عهد قريب ولم يعد لها اليوم من أثر يذكر. فأصبح غالبية الطلبة يتخرجون من الجامعة بمستوى متدني سواء من الناحية المهنية أو الثقافية أو الفكرية. أضف إلى ذلك هجرة الكفاءات من الجامعات التي تعد مؤشرا على تدنى القيمة الاعتبارية للجامعة.

وهكذا نخلص إلى أن الجامعة في الوطن العربي هي كم مركب من الأزمات الجوهرية وليست مسألة إمكانات ومصادر تمويل، فالأمر يتعلق بالهوية والمشروعية والمصداقية، وليس بتوفير متطلبات البنية التحتية والجاهزية لاستخدام تكنولوجيا المعلومات والاتصالات في التعليم الجامعي والبحث والعلمي فحسب. فالتكنولوجيا جزء من الحل وليست بأي حال من الأحوال الحل في مجمله. هي أداة ووسيلة وليست هدفا في حد ذاتها. وبالتالي فمن الخطأ اليوم اختزال أزمة الجامعة بالوطن العربي في الجانب التكنولوجي واعتبار إدخال تكنولوجيا المعلومات والاتصالات في أروقتها نهاية الإشكال.

إن التحدي الحقيقي الذي يواجهه الجامعة في البلاد العربية ليس تحديا تكنولوجيا وإنما التحدي الحقيقي هو ضرورة تحديد الجامعات لرؤيتها ورسالتها عن طريق:

1- تنمية قيم البحث العلمي ومهاراته إلى جانب التطوير التكنولوجي، إذ لا قيمة للجامعة (واقعية كانت أم افتراضية) إذا لم تتكرس بداخلها قيم البحث العلمي ومنظومة التطوير التكنولوجي ذات أهداف وغايات محددة.

2- تنمية القيم الثقافية لدى الطلبة والطلبة سيما لو استحظرنا جانب الأمية الحضارية المتزايدة بين أبناء المنطقة العربية، وكذلك لو استحظرنا مركزية الجامعة في تثبيت القيم الثقافية ونشرها على نطاق واسع.

إن توظيف تكنولوجيا المعلومات والاتصالات في الجامعات هو جزء من تحديات عدة حتى. فالاهتمام بالتكنولوجيا وحدها هو محاولة شكلية لتحسين صورة الجامعة وليس تطوير حقيقي ذات جدوى على المدى البعيد، فمن الخطأ اعتبار التكنولوجيا حلا لأزمة الجامعة أو بناء في مستقبلها: الجامعة جزء من محيط عام كلما تباطأ سيرها تباطأ سير المحيط العام.

وختاماً، نحن نعيش في عصر يتزايد فيه دور تكنولوجيا المعلومات والاتصالات في صياغة الحاضر وتشكيل المستقبل، وأصبحت هذه التكنولوجيا متطلبا أساسيا في شتى مجالات الحياة، لذا لا بد أن تشهد الأوساط التربوية -محليا وعربيا وعالميا- اهتماما متزايدا بتكنولوجيا المعلومات والاتصالات نحو تطوير الواقع التربوي ورفع مستوى مخرجات التعليم، ويتفق معظم أهل التربية على أنه إذا زوّد المعلم بوسيلة تعليمية مناسبة لأهداف الدرس ومحتواه، فإنه بالتأكيد سيحقق نتائج إيجابية أكثر مما يتوقع. ففي غرفة الصف، ينبغي التعامل مع تكنولوجيا المعلومات والاتصالات كمصدر للمعرفة، ووسيلة تعليمية، وفرصة للاستمتاع وزيادة دافعية المتعلمين نحو التعلم، وأداة تسهم بفاعلية في تحقيق أهداف التعليم، وإذا لم تساند تكنولوجيا المعلومات والاتصالات المعلم داخل الغرفة الصفية وفي متابعة تعلم الطلبة؛ فإنه لن يكون قادرا على المبادرة في تطوير الأساليب والأنشطة التي يمكن أن يستخدم فيها هذه التكنولوجيا لتحقيق الأهداف التعليمية في سبيل تنمية قدرات الطالب وتزويده بالمهارات اللازمة للحياة في القرن الحادي والعشرين.

وعلى أية حال، فإن جميع الجهود المبذولة، والتدريب الذي يمكن أن يتلقاه المعلم في سبيل تطوير عملية التعلم والتعليم باستخدام تكنولوجيا المعلومات والاتصالات لن تجدي نفعا ما لم يدخل استخدام تكنولوجيا المعلومات والاتصالات في حياة المعلم اليومية.

الفصل الثاني

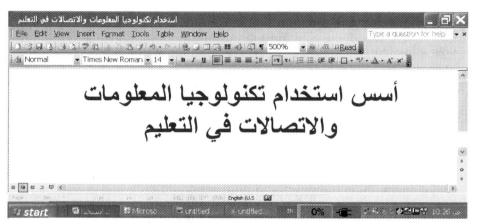

المشكلة الوحيدة التي واجهت أهل الكهف أنهم لم يكونوا على دراية بمعطيات العصر الذي بعثهم الله فيه رغم امتلاكهم لعصب الحياة وهو المال. لذا، لا بد أن نحرص على تزويد أبنائنا بالمهارات التي تؤهلهم للعيش بنجاح في العصر الذي خلقوا له، وليس أن نهتم فقط في أن نورّث لهم المال.

مقدمة

قدمت تكنولوجيا المعلومات والاتصالات إمكانات ووسائل وأدوات تلعب اليوم دوراً كبيراً في تطوير أساليب التعلم والتعليم في الوقت الحاضر، والتي من شأنها أن توفر المناخ التربوي الفعال الذي يساعد على إثارة اهتمام الطلاب وتحفيزهم ومواجهة ما بينهم من فروق فردية بأسلوب فعال.هذا وقد شاع مؤخرا مفهوم **التعلم المدمج** Blended Learning كأفضل تصميم مرشح لاستخدام تكنولوجيا المعلومات والاتصالات في التعليم ويقصد به

التعلم الذي تتكامل فيه أساليب التعلم الإلكتروني من جهة وأساليب التعلم التقليدي الذي يجمع الطالب والمعلم وجها لوجه من جهة أخرى.

إن استخدام تكنولوجيا المعلومات والاتصالات في التعليم قد ينطوي في بداية الأمر على نوع من التحدي، لدرجة أن المعلمين الماهرين في استخدام الحاسب والقادرين على استخدام برامج معالجة الكلمات والتراسل عبر **البريد الإلكتروني** **E-mail** واستخدام **برامج الدردشة** **Chatting** غالبا ما يجدون أنفسهم بحاجة إلى تعلم الكثير عندما يبدؤون التعليم باستخدام تكنولوجيا المعلومات والاتصالات. ويهدف هذا الفصل إلى عرض مجالات استخدام تكنولوجيا المعلومات والاتصالات في غرفة الصف وطرق إدارة الصف وتنظيمه؛ فهو يحاول أن يقدم للمعلم إجابات عن جملة من الأسئلة التي تتكرر على ألسنة المعلمين عند التوجه لاستخدام تكنولوجيا المعلومات والاتصالات في التعليم منها:

كيف يستخدمها في التدريس؟ وكيف يخطط لحصة صفية يستخدمها فيه؟ وكيف يأخذ بعين الاهتمام مستوى الطلبة والفروق الفردية عند التخطيط لاستخدامها؟ وكيف يتعامل مع الكم الهائل من الرسائل البريدية والواجبات البيتية التي تتراكم في بريده الإلكتروني؟ وكيف يتجنب تراكم الرسائل البريدية وواجبات الطلبة في بريده؟ كيف يبقى مسيطرا على الموقف التعلمي التعليمي وقائدا له؟ كيف يستفيد من المصادر الإلكترونية بفاعلية؟ وكيف يشجع المتعلمين ويثير دافعيتهم للتعلم؟ كيف يشجع الطلبة على الاستفادة من مصادر التعلم الإلكتروني؟ وكيف ينظم العمل في مجموعات عند استخدام تكنولوجيا المعلومات والاتصالات؟ وكيف يستفيد من أساليب التعلم التقليدي عند استخدامها؟ وكيف أيضا يتأكد من إمكانية الطلبة من الوصول إلى الشبكة والحصول على المساعدة؟

تطبيقات تكنولوجيا المعلومات والاتصالات في التربية

تطورت أساليب استخدام تكنولوجيا المعلومات والاتصالات في التعليم، وأصبح الاهتمام الآن مركزاً على تطوير الأساليب المتبعة في التدريس بمصاحبة هذه التكنولوجيا، أو

استحداث أساليب جديدة يمكن أن تسهم عن طريقها في تحقيق أهداف التربية، وتجدر الإشارة إلى إن من أشهر تلك التقسيمات، التقسيم الآتي:

١- **تكنولوجيا المعلومات والاتصالات كموضوع للدراسة:** ويشتمل على مكونات الحاسب ولغات البرمجة والبرمجيات التطبيقية، وهو ما يعرف بثقافة تكنولوجيا المعلومات والاتصالات.

٢- **تكنولوجيا المعلومات والاتصالات كأداة إدارية وإنتاجية:** توفر تكنولوجيا المعلومات والاتصالات فرصة للاتصال بين الموظفين سواء كانوا في مكان عمل واحد (كالمدرسة أو الكلية) أو كانوا في مواقع متفرقة على سطح الأرض، فلو احتاج موظف معلومة أو المساعدة في التغلب على مشكلة ما تواجهه فإنه يستطيع تحقيق ذلك وهو جالس على كرسيه، كما يستطيع الشخص الآخر إصلاح الخلل في جهازه دون أن يغادر مكتبه. ومن جهة أخرى يمكن استخدام تكنولوجيا المعلومات والاتصالات كوسيط عن طريق برمجيات التطبيقات الخالية المحتوى تستخدم في أغراض متعددة مثل: **معالجات النصوصWord Processors،** ومعالج البيانات المجدولة، والرسومات **وبرمجيات الاتصال (Communication Programs).** وإلى جانب ذلك، فإن زيادة الإنتاجية تتحقق إذا علمنا أن تكنولوجيا المعلومات والاتصالات تسهم بشكل فاعل في تطوير أساليب الإدارة التربوية، والتي تشمل:

أ- **الإدارة المدرسية** مثل:. شؤون المدرسين والموظفين وشؤون الطلاب، والمرتبات، والمخازن، والامتحانات.

ب- **إدارة المكتبة ونظم المعلومات** مثل: حركة تداول الكتب والدوريات، ونظام المعلومات عن المصادر التربوية، والاتصال بنظم المعلومات للمصادر العالمية.

ج- **الخدمات التربوية** مثل: التقويم المرحلي والنهائي للطلاب، أو عمل الاستبيانات وتحليلها، أو المقابلات الشخصية، أو التحليل الإحصائي للبحوث.

كما تساعد هذه البرمجيات المعلم على التدريس؛ وتشمل هذه التطبيقات مساعدات الحاسب في حفظ الملفات، والعلامات، والتوجيه، والتنظيم الفردي لأعمال الطالب. ومع شيوع

الحاسب ظهرت أنماط عديدة من التطبيقات تستخدم في التعليم لمساعدة الطالب على التعلم. ويعتقد أن استخدام الحاسب في إدارة العملية التعليمية يؤدي إلى زيادة في التعلم بطريقة غير مباشرة حيث أن الدعم التعليمي موجه في الأساس إلى المعلم. أما المكاسب التي تعود على الطالب فتتم عن طريق:

أ- تحسين التفاعل بين الطالب والمدرس كلما نقص العبء الإداري على المدرس؛

ب- تحسين إدارة المعلومات للمدرس؛

ج- تنظيم الاستجابات الذاتية للطالب للتغذية الراجعة عن مدى التقدم والأداء الذي يحرزه والذي توفره له التطبيقات الإدارية.

٣- **تكنولوجيا المعلومات والاتصالات كوسيلة تعليمية:** ويعني التعلم بمساعدة الحاسب بهدف تحسين المستوى العام لتحصيل الطلاب الدراسي، وتنمية مهارات التفكير، وأسلوب حل المشكلات. وسنقوم بتفصيل ذلك فيما سيأتي.

مزايا استخدام الحاسب كوسيلة تعليمية

تركز البرامج التعليمية على عملية التميز في التعلم والاستعانة بالتغذية الراجعة لدعم عملية التعلم، ويركز مصممو هذا النوع من البرامج على دورها في تحسين عملية التعلم وجعله فعالاً، وقد أكدت العديد من الأبحاث التي قام بها كل من **بيلجرم وبلومت (١٩٩١م)** Pelgrum & Plomp,١٩٩١ وشملت أكثر من عشرين دولة من الدول المتقدمة من حيث القدرة في برامج الحاسب التعليمية على زيادة مستوى تحصيل الطلاب، وتنمية مهاراتهم على الرغم من توقف ذلك على العديد من العوامل والتي أهمها حماس المعلم وقدرته على توظيف البرنامج بالشكل الصحيح، وتستخدم البرامج أحياناً لمساعدة الطلاب بطيئي التعلم أو الذين يعانون من صعوبات تعلم في بعض الموضوعات الدراسية، ومن أهم ما يشغل مصممي هذه البرامج هو كيفية استخدامها بشكل متكامل مع المنهج، ومع الأنشطة المختلفة، واستخدامها في مجموعات صغيرة أو كبيرة أو للتعليم الفردي. كما يمكن أن يستخدم الحاسب كنظام لتوصيل المعلومات في مجموعة كبيرة من المواضيع.

ميزات الحاسب كأداة تعليمية

١-   **حاسبات حوارية:** ويقصد بها مقدرة الحاسب على التفاعل مع المستخدم عن طريق المحاورة والتغذية الراجعة والتي تزيد من دافعية الطالب وإقباله على التعلم؛

٢-   **حاسبات توفر اهتماماً خاصاً بكل طالب على حده**، وذاك عن طريق إعطاء الطالب فرصة التحكم في زمن التعليم، وإمكانية التشعب، وتوفر التغذية الراجعة، وتنوع أساليب العرض، وتعدد أساليب جذب الانتباه؛

٣-   **حاسبات تشجع على التجربة والمخاطرة،** وذلك بتحرير الطلبة من الخوف المثبط إزاء الخطأ وحكم الآخرين؛

٤-   **أثناء التدريب والتمرين لا تظهر حاسبات أي كلل وتتميز بالصبر، وتزيل التوتر من مجالات الإشكال وتحرير المعلم لكي يفرد اهتماماً شخصياً بكل طالب؛**

٥-   **حاسبات تحث على العمل:** كثيراً ما يذكر المعلمون قدرتها على حث الطلبة بقوة على العمل في مواضيع كانت تعتبر من قبل مملة أو صعبة؛

٦-   **تشجع التعليم القائم على الاكتشاف والاستقصاء،** كما تحث على الفضول وهو عنصر أساسي في التعليم؛

٧-   **حاسبات وسيلة مثلى للتعلم الخاضع لقدرات الاستيعاب الذاتية للتلميذ، وتستطيع أن توفر للطالب إمكانية تحكمه في عملية التعليم؛ وتساعد بذلك على بناء الثقة بالنفس** [١]؛

٨-   **إمكانية تحكم الحاسب بالأجهزة الموصلة به،** كأجهزة التجارب العلمية والمفاتيح الكهربائية والتي تساعد على جعل الموقف التعليمي متكاملاً؛

---

(١) (التربية الجديدة، ١٩٨٣م.)

٩- سرعة الحاسب في البحث عن المعلومات وعرضها بأشكال وطرق مختلفة توفر للطالب فرصة الحصول على المعلومات التي يبحث عنها والمواضيع التي يريد تعلمها والتدريب عليها في وقت يسير؛

١٠- القدرة العالية على إثارة الطالب في أنشطة ومناقشات فكرية ذات دافعية عالية، وعلى توفير حوافز تعليمية مناسبة على أساس فردي؛

١١- القدرة على توفير خبرات وفرص تعليمية عن طريق استخدام النماذج والمحاكاة والتي قد لا تتحقق بدون الحاسب، كما أن المستخدم يتعامل معه بطريقة أفضل عن طريق المشاركة الفعلية بدلاً من الوقوف متفرجاً فقط، كما يوفر الحاسب وسيلة ممتازة لجعل المشاركة أقرب للحقيقة دون التعرض للمشاركة الفعلية؛

١٢- للحاسب القدرة على تربية جيل من الشباب قادر على القيام بالوظائف التحليلية وحل المسائل الصعبة المتضمنة معلومات مهمة بطريقة أفضل من الأجيال السابقة، بسبب تلقيهم ذلك في سن مبكرة، وبصورة مستمرة بوساطة مفاهيم وأدوات معينة لحل المسائل بمساعدة الحاسب.

الأنماط التعليمية لاستخدام تكنولوجيا المعلومات والاتصالات في التعليم

هنالك أربعة أنماط تعليمية أساسية لاستخدام الحاسب في التعليم هي:

أولا- طريقة التدريس؛

ثانيا -طريقة التدريب والممارسة؛

ثالثا -طريقة المحاكاة؛

رابعا-الألعاب التعليمية.

وفيما يلي وصف تفصيلي لهذه الأنماط:

أولا- الطريقة التدريسية (التدريس الخاص) Tutorial Mode.

وتهدف إلى التعلم عن طريق برنامج يتم تصميمه مسبقاً على غرار التعليم المبرمج، وفي هذا النوع من الاستخدام يقوم البرنامج بعملية التدريس أي أن البرنامج يدرس فعلاً فكرة أو موضوعاً ما.

والطريقة السائدة في هذا النوع من الاستخدام هي عرض الفكرة وشرحها ثم إيراد بعض الأمثلة عليها، وفي بعض الأحيان إيراد أمثلة معاكسة، وتختلف البرامج في هذا الموضوع اختلافاً كبيراً فبعضها بعضا جيد فعال يقوم على أساس التفاعل والحوار، ويستخدم الرسم، والألوان، والأصوات، والحركات بفعالية، ويتضمن طرقاً مختلفة لتدريس الموضوع نفسه بحيث يجد كل طالب ما يناسبه من طرق التدريس، وبعضها بعضا رديء لا يختلف عن طريقة الكتاب أو طريقة الحفظ والتلقين.

وتقسم الطرق التدريسية إلى قسمين هما

١- الدروس الخطية Linear Tutorials

تقدم هذه الدروس في كل الشاشات بتتابع واحد وثابت لجميع المتعلمين وذلك بعرض شاشة تلو الأخرى، بغض النظر عن تباين مستوياتهم، وبذلك يكون التقديم مماثلاً لصفحات الكتاب المطبوع، وغالباً ما يكون عرض الموضوع كلامياً، ويمكن هذا النوع من الدروس المتعلم من أن يتقدم فيها وفق سرعته الذاتية، ويمكن أن تشمل الدروس على رسوم توضيحية لها علاقة بموضوع الدرس، ويلاحظ أن كم المعلومات التي يقدمها الدرس لا يختلف من متعلم إلى آخر على الرغم من تفاوت قدراتهم ومستوياتهم، ولكن الوقت المستعمل لإنهاء البرنامج يختلف من متعلم لآخر، ويرجع الاختلاف في الوقت للسرعة الذاتية للمتعلم، والمراجعة التي يقدمها الدرس نتيجة الأخطاء التي قد يقع فيها المتعلم أثناء الدارسة.

٢- الدروس المتفرعة (Branching Tutorials):

توفر البرامج المتفرعة الفرصة للمتعلم أن يتفاعل مع الدرس، فيستطيع أن يختار أي جزء يريد البدء بدراسته من عدة خيارات أمامه على الشاشة، ويمكن لدرس الحاسب نفسه أن يحيل المتعلم إلى الأجزاء التي لم يتقنها من الدرس، وتشمل البرامج المتفرعة غالباً

اختبارات قبلية للأجزاء الرئيسية منها، يتم على أساسها تحديد مدى تحصيل المتعلم. ويقدر البرنامج درجة لتحصيل المتعلم وينصحه بالبدء بمستوى معين من الدراسة، يتناسب مع خلفيته في الموضوع؛ فيكون بذلك مرشداً له يوجهه إلى النقاط التي يجب أن يبذل فيها الجهد. كما أن البرامج الفرعية تحتوي غالباً على خطوات للمراجعة وفق حاجة المتعلم، ويمكن للمتعلم أن يحصل على مساعدة البرنامج له وذلك عن طريق الضغط على مفتاح معين.

وبخلاف الدروس الخطية فإن كمية المادة المقدمة في الدرس المتفرع تتوقف على سرعة إنجاز المتعلم؛ ولذلك فإن الدروس التعليمية المتفرعة تتكيف مع حاجة المتعلم وهي تمكن المتعلم من أن يتخطى الأجزاء التي يتقنها من المادة إلى ما يحتاج لدراسته، وعزي التباين الكبير في مدة إتمام تعلم درس معين من شخص لآخر إلى تلك الخاصية.

والغرض من تلك الدروس تقديم كم معين من المعرفة التي تعد جديدة للطالب، وهذا النوع يشبه إلى حد ما الطرق التقليدية كالكتاب أو شرائط الكاسيت والفيديو أو المحاضرات، وعن طريق البرامج التدريسية يمكن للطالب أن يتعلم معارف جديدة، أو يتحقق من صحة معلومات سابقة، أو يتم تعزيز استجابته الصحيحة، ويمكن تقديم مفاهيم أو مهارات أو معلومات جديدة للمتعلم ليدرسها بمفرده، كما يمكن أن تقوّم أداء الطالب إما عن طريق عمله مع البرنامج أو بالطرق التقليدية – أو أسلوب الورقة والقلم- بحيث يمكن توجيه الطالب لإعادة دراسة جزء معين أو يعود لدراسة موضوع آخر يمكن أن يساعده في دراسة الموضوع الحالي.

خصائص الطريقة التدريسية:

يتصف هذا النوع من البرامج بأنه يعمل على توجيه المتعلم لدراسة المعلومات بشكل منظم، كما يعمل على مساعدته وتوجيهه بعد انتهاء الدراسة وأثناءها عن طريق التغذية الراجعة مما يساعد على تحقيق أفضل نتائج لعملية التعلم، وتعتمد هذه البرامج على أنشطة معينة مصممة لتوجيه ومساعدة الطالب على متابعة المادة التعليمية عن طريق شاشة الحاسب. وتستعين هذه البرامج بشكل أساسي بالرسوم المتحركة والمؤثرات الصوتية،

وتعتمد على تقديم المعلومات بشكل متكامل بحيث لا يحتاج الطالب للرجوع إلى أية معلومات أخرى غير موجودة في البرنامج.

مميزات وعيوب الطريقة التدريسية

تعد هذه الطريقة مفيدة جداً في تعليم الحقائق والقوانين والنظريات وتطبيقاتها، كما يسمح للمتعلم بالانتقال والتقدم في البرنامج وفق قدراته الذاتية ومتطلباته التعليمية، وهي مفيدة بصفة عامة في الموضوعات التي يتم تعلمها لفظياً وتحتاج إلى كم كبير من المعلومات، ويعتمد هذا النوع من البرامج على أسلوب التغذية الراجعة الذي قد يكون في **صورة تعزيز** Reinforcement أو توبيخ بسيط حيث يطلب من المتعلم التفرغ لدراسة موضوع معين أو حل بعض التدريبات، كما يعمل هذا النوع من البرامج على استغلال إمكانات الحاسب من مؤثرات صوتية وألوان ورسوم متحركة للاستحواذ على انتباه الطالب وضمان استمراره في دراسته للبرنامج. ولكن من ناحية أخرى فإن هذا النوع من البرامج يحتاج إلى وقت كبير في إعداده وتصميمه، كما يتطلب إعداد وتنظيم كم كبير من المعرفة بحيث تكون مناسبة لمستخدمي البرنامج، كما يحتاج في إعداده إلى أسلوب يجعل المتعلم يعتمد على نفسه ويفهم ما يقدم له من توجيهات وإرشادات، ذلك لأن البرنامج لا يقدم المساعدة للمتعلم إلا عند طلبها، وعلى الرغم من تصميم هذه البرامج لتشكل أساساً لتنمية المستويات المعرفية العليا لدى المتعلم إلا أنها لا تحقق ذلك دائماً.

ثانيا: طريقة التدريب والممارسة Drill & Practice Mode

وتهدف إلى التعلم عن طريق إعطاء فرصة للمتعلمين للتدرب على إتقان مهارات سبق دراستها، وفي هذا النوع من الاستخدام يقدم الحاسب عدداً من التدريبات أو التمرينات أو المسائل في موضوع معين سبقت دراسته من قبل بطريقة ما، ويكون دور الطالب هو إدخال الإجابة المناسبة حيث يقوم الحاسب بتعزيز الإجابة الصحيحة أو تصحيح الإجابة الخاطئة،

أي أن الهدف في هذا النوع من الاستخدام هو صيانة المهارات أو المعلومات والتدرب على تطبيقها بسرعة وبدقة كاملة.

ويتميز الحاسب في هذا الموضوع بقدرته الفائقة على إنتاج الكثير من التمرينات، والمسائل المختلفة، والمناسبة لمستوى معين، كما يتميز على الطريقة التقليدية أي طريقة الحل بالورقة والقلم بميزات كثيرة منها: التغذية الراجعة الفورية وذلك لأن الحاسب سيوقفه حالاً عند ارتكاب خطأ، وقد يناقشه حول هذا الخطأ، كما أن التدريبات والتمرينات عن طريق الحاسب مشوقة أكثر من الطريقة التقليدية الرتيبة، حيث يمكن تغيير طريقة عرض التمرينات من موضوع لآخر.

ويمكن تغيير طريقة استجابة الحاسب وقدرة الحاسب على الرسم، واستخدام الألوان والأصوات. أما الميزة الجيدة لاستخدام الحاسب لهذا الغرض فهي قدرته على متابعة تقدم الطالب، وتشخيص نقاط الضعف لديه ومن ثم الاحتفاظ بذلك كسجل ليستفيد منه المدرس في علاج الضعف لدى الطالب.

ومما تجدر الإشارة إليه أنه ينبغي التنبيه إلى أن هذه البرامج مساعدة وليست أساسية، بل يستفاد منها بالإضافة إلى برامج التعليم أو التدريس أو بعد الدراسة بوسائل أخرى، وبعد أن يصل المتعلم باستخدام هذا النوع من البرامج إلى درجة الإتقان لدرس ما يكون البرنامج قد حقق الغرض منه بإكساب المهارة للمتعلم، وقد لا يكون لهذا الدرس قيمة كبيرة له بعد ذلك، فلا تتعدى قيمته أكثر من مجرد التسلية أو المراجعة الدورية للموضوع خصوصاً للأطفال صغار السن.

وقد تنوعت دروس التدريب والتمرين كثيراً، ولكن درجة جودتها، والطريقة التي استعملت بها خيبت آمال الكثيرين لعدة أسباب:

أولا: لأن الدروس كانت مملة وخالية من الإبداع؛

ثانيا: لأن أحد أهداف استعمال دروس الحاسب هو تمكين المدرس من التركيز على الأعمال المهمة، وذلك بتفريغه من الأعمال الروتينية ولتوفر له الوقت الكافي للإشراف على المتعلمين والاتصال المباشر بهم والاستجابة لحاجاتهم، وربما يرجع السبب في ذلك إلى أن المعلمين

تدربوا على استعمال برامج التدريب، وطريقة تشغيلها ومعرفة محتواها كبرامج ولكن لم يتدربوا على الاستجابة لحاجات المتعلمين أثناء استخدامها بطريقة تربوية.

من جهة أخرى ينبغي الإشارة إلى أن كثيراً مما يتعلمه الطلاب يحتاج إلى بعض التدريبات وحل المشكلات لتحسين عملية التعلم، ولزيادة مستوى التحصيل، كما أن هذه التدريبات مهمة لتنمية بعض المهارات وذلك لتعريف المتعلم بأخطائه، ولتقديم الأساليب العلاجية المناسبة له، وبذلك يمكن عن طريق هذه البرامج تقديم المكونات الثلاثة الأساسية لدورة التعلم وهي: التدريب، والتغذية الراجعة، والعلاج، وتتميز هذه البرامج عن أساليب التدريب التقليدية في تقديمها المستوى المناسب من التدريبات للطالب، حيث تقدم له في البداية مجموعة من الاختبارات القبلية لتحديد مستواه ثم تقدم التدريبات أو المشكلات المناسبة لهذا المستوى ثم تنتقل به لمستوى أعلى، وهي بذلك تراعي مبدأ الفروق الفردية بين الطلاب والذي لا نستطيع مواجهته بالأساليب التقليدية في الغالب. وأهم ما يميز برامج التدريب الممارسة هو تقديمها للتغذية الراجعة في الحال ليتعرف الطالب على صحة استجاباته مما يعزز التعلم لديه بشكل كبير، وعن طريق هذا النوع من البرامج يمكن التركيز على مهارة معينة، وتقديم العديد من التدريبات عليها، ولكن ينبغي أن تكون هذه المهارة التي يتدرب عليها الطالب من المهارات التي سبق أن تعلمها عن طريق أساليب أخرى أو عن طريق البرامج التدريسية حيث يتم هنا تنميتها ورفع مستوى أداء المتعلم فيها.

خصائص برامج التدريب والممارسة

تقدم هذه البرامج فرصة كبيرة للمتعلم للتدريب على مهارة معينة أو لمراجعة موضوعات تعليمية معينة بغرض تلافي أوجه القصور في المتعلم، وهي فرصة جيدة للتغلب على المشكلات التي تواجه الطلاب في أساليب التدريب العادية في الفصل كالخوف أو الخجل أو الفروق الفردية، وتصبح برامج التدريب أكثر فعالية إذا ما كانت الإجابة التي يبديها الطالب قصيرة ويمكن تقديمها بسرعة مما يزيد من فرصة تحقيق الهدف الأساسي من التدريب، ويقلل من فرصة وجود أخطاء، فبعض الإجابات قد تكون معقدة تحتاج لإجراء

بعض العمليات الأولية، وتقديم التغذية الراجعة عن كل مهارة، وتعمل برامج التدريب والممارسة على تغيير الأنماط التقليدية لتقديم المشكلات للطلاب وذلك عن طريق توظيف المؤثرات الصوتية، والألوان، والرسوم المتحركة، والعديد من إمكانات الحاسب والتي تجعل عملية التدريب ممتعة وخاصة إذا ما اقترنت بتصميم مرن ومنطقي للبرنامج مما يتيح العديد من الاختيارات، أو البدائل أمام المتعلم كتحديد مستوى صعوبة البرنامج، أو سرعة تتابع فقراته، أو طبع نتائج الطالب وتحديد مستوى تقدمه، أو تشغيل، أو إيقاف الصوت، أو الرسوم المتحركة.

مميزات برامج التدريب والممارسة وعيوبها

من أهم مميزات هذه البرامج تقديم الفرصة للتحكم الدقيق والموجه لتنمية مهارات معينة، وتقديم التغذية الراجعة الفورية، وتوجيه المتعلم عن طريق أسلوب علاجي لتنمية مهارات معينة تعد أساسية، وهذا ما تعجز عنه الأساليب التقليدية، وهي بذلك تعتبر معلماً يتعامل مع كل طالب على حده لتدريبه على مهارة معينة، وتقديم الحل الصحيح له في الحال. ومن أهم عيوب هذه البرامج أنها تعتمد على اختبارات الاختيار من متعدد" لا على استقبال إجابات الطالب التي ينشئوها بأنفسهم، وبذلك فإن هذه البرامج لها قدرة محدودة على تقويم أداء المتعلم.

ثالثا: طريقة المحاكاة Simulation

وتهدف إلى تقديم نماذج عملية واقعية عن طريق محاكاة ذلك النموذج، والتدريب على عمليات يصعب القيام بها في مواقف فعلية. فالمحاكاة عملية تمثيل، أو نمذجة، أو إنشاء مجموعة من المواقف، أو تقليداً لمواقف من الحياة حتى يستمر عرضها، والتعمق فيها لاستكشاف أسرارها، والتعرف على نتائجها المحتملة عن قرب. وتنشأ الحاجة إلى هذا النوع من البرامج عندما يصعب تجسيد حدث معين في الحقيقة نظراً لتكلفته، أو لحاجته إلى إجراء العديد من العمليات المعقدة، أو الخطرة وهي نموذج لنظام، أو لحالة موجودة في

الواقع يبعث من جديد في الحاسب، إن أثر سياسات وطنية مختلفة متعلقة بالطاقة على الاقتصاد، أو تجربة في مختبر علمي، أو اقتصاديات مشروع صغير، أو إقامة مستعمرة فضائية، أو النظام الحيوي لبحيرة صغيرة، أو تصميم منزل، أو حديقة، أو مصنع كل هذه أو غيرها من الأنظمة يمكن التعبير عنها بمعادلات تمثل بدقة العلاقة المتبادلة بين مكوناتها المختلفة، والمحاكاة تسمح للتلميذ أن يعدّل أوضاع أحد مكوناتها أو أكثر وأن يشاهد نتائج هذا التعديل على بقية النظام، ومن أمثلة ذلك: كيف يؤثر التخلص من النفايات غير المتحكم فيها على نوعية المياه وكيف يؤثر ذلك على أشكال الحياة المختلفة في بحيرة ما؟ ما أساليب المعالجة التي تستعيد نوعية المياه الأصلية بفاعلية أكبر؟ وما المدة اللازمة لذلك؟ وهنا يصبح الحاسب مختبراً تجريبياً له قدرة لا نهائية على التنوع في مجال التعليم المبني على التجريب والإتقان.

وعلى هذا فإن قدرة الحاسب على تشكيل نماذج لظروف الاختبار تعتمد على البرامج المتوفرة، ويكاد يكون الحصول على الأجهزة اللازمة للقيام بمختلف التجارب في المختبرات في كل المجالات العلمية الرئيسية أمراً غير عملي، أو مستحيلاً بالنسبة لغالبية المعاهد إلا بوساطة الحاسب، وبالإضافة إلى ذلك تسمح التجارب على الحاسب بتقديم نماذج لمواقع ومواضيع يستحيل على الطلبة الوصول إليها أو تناولها بدون الحاسب، وتشكل إقامة مستعمرات فضائية أو محاكاة ظروف الطيران مثالين لذلك. ويستطيع الحاسب أيضاً أن يحاكي متغيرات تجريبية قد تكون مكلفة أو خطرة في الظروف الحقيقية. أحد الأمثلة العادية في المحاكاة التعليمية هو التمثيل الرمزي لمختلف العمليات داخل محطة طاقة نووية بما فيها حالة انصهار الغلاف الواقي. وعادة تتم نمذجة أو محاكاة بعض المواقف، أو المشكلات التي لا يمكن التعامل بها، أو تنفيذها في الواقع، أو في الفصل الدراسي بسبب الزمن، أو التعقيد، أو الصعوبة، أو الخطورة إلى غير ذلك من الأسباب.

وعندما يتم عمل نموذج على الحاسب لمشكلة ما فإنه يمكن دراستها وتحليلها تحت ظروف ومتغيرات مختلفة لمعرفة ما يصاحب ذلك من نتائج وبدون خوف من هذه النتائج، أو تكلفتها المادية، أو المعنوية أي أن الطالب يدرس المشكلة على الحاسب ويتخذ حولها القرارات

بدون خوف أو خجل، ومن مميزات برنامج المحاكاة أنه يسمح للطالب بارتكاب أخطاء لا تكون نتائجها سيئة.

رابعا : الألعاب التعليمية

اللعب وسيلة تعلم أساسية يستخدمها الأطفال لفهم العالم ومواجهته، واستخدام الحاسب للعب يحث على اكتساب مهارات حل المسائل، واتخاذ القرارات، ويزيد من قدرة الطفل على التركيز، والانتباه، وينمي قدراته التصورية (التخيل)، وتقدم هذه البرامج غالباً على مباريات تخيلية تحمل التلاميذ على التنافس لكسب العلامات، وعلى التلاميذ لكي يظفروا بأكثر النقاط أن يحلوا مسائل رياضية، ويحدِّدوا نقاطاً على شبكة إحداثيات، وقراءة التعليمات وتفسيرها، وتحليل المسائل المنطقية.. الخ، وتضيف الألعاب التعليمي الجيدة الإثارة، والدافعية إلى التعلم، والتحصيل الدراسي، وهي تتناول مجالات متنوعة من الموضوعات، وتوفر تعليماً مركزاً لمهارات محدّدة تساعد على إبراز صفات حيوية مثل المبادرة، واللعب، والمرح في بيئة التعليم.

ومن مميزات الألعاب التعليمية أنها تساعد مستخدميها على التعلم عن طريق الاستكشاف أثناء اللعب؛ فنتائج تصرف اللاعب تعلمه، وتعززه استجابته الصحيحة، هذه الأساليب الحديثة في تقديم الموضوعات الدراسية، وما يصاحبها من صورة وصوت، وكيفية في الأداء، وإشراك المتعلم بهذه الطريقة الإيجابية والمسلية لم تكن على الإطلاق في يوم من الأيام جزءاً من المنهج الدراسي، مما حدا **بلندزلي (١٩٩٢م) Lindesly,١٩٨٢** إلى القول: " إن من يستخدم الحاسب مع المتعلمين في تقديم شيء غير مشوق لهم يجب أن يحاكم لاعتباره مجرماً في حقهم".

ولكي تكون اللعبة التعليمية ناجحة، يجب أن تتوفر فيها عدة شروط يمكن تلخيصها فيما يلي:

١- أن تبنى على أسس تمثل وتعكس بدقة المفهوم أو المهارة المطلوب تدريسها.

٢- أن يكون النجاح نتيجة يحصل عليها المتعلم عند إظهار قدرته على إتقان المفهوم، أو المهارة، والأسس التي بنيت عليها اللعبة.

٣- أن يكون المتعلم على علم بالمفاهيم والمهارات التي يجب عليه أن يتقنها، وليس مجرد أن يتعلم كيف يلعب هذه اللعبة.

أخيراً، تجدر الإشارة بأنه لا يوجد أسلوب واحد يصلح للتعلم ببرامج الحاسب في كل موضوعات الدراسة، وفي كل المواقف، فنحن في حاجة إلى عدد من الأساليب لنقابل التنوع الكبير في موضوعات التعلم ومواقفه، ولذلك علينا أن نتوقع أن يفشل البرنامج الذي أثبت نجاحه في موقف ما، فلا يحقق نجاحاً في موقف آخر مختلف في مكوناته، وعلى المعلم أن يجرب، وأن يأخذ دليل نجاحه من التجارب التي يجريها بغض النظر عن الشكل الخارجي للبرنامج، أو القاعدة النظرية التي يستند إليها.

وأما عن طريقة إخراج ألعاب الحاسب التعليمية؛ فهي تعتمد على دمج عملية التعلم باللعب في نموذج ترويحي يتنافس فيه الطلاب للحصول على بعض النقاط ككسب ثمين، وفي سبيل تحقيق مثل هذا النصر يتطلب الأمر من المتعلم أن يحل مشكلة حسابية، أو يجيب عن بعض الأسئلة حول موضوع ما، وعن طريق هذا الأسلوب تضيف الألعاب التعليمية عنصر الإثارة والحفز إلى العمل الدراسي، وعادة ما تأخذ الألعاب التعليمية الشكل الذي يجذب المتعلم ويجعله لا يفارق اللعبة دون تحقيق الهدف، أو الأهداف المطلوبة، وتعتمد هذه البرامج أساساً على **مبدأ المنافسة** Competition لإثارة دافعية المتعلم، كما تعتمد على إمكانات الحاسب التعليمية التي يتم التعامل معها بشكل غير مباشر مما يزيد من احتمال تحقيق أهداف الدرس.

خصائص برامج الألعاب التعليمية:

تتشابه الألعاب التعليمية في خصائصها إلى حد كبير مع خصائص برامج المحاكاة والتدريب والممارسة، فعلى المتعلم أن يعرف دوره بوضوح للمشاركة في اللعبة، وأن يعرف الهدف من اللعبة، ولكي يكون البرنامج فعالاً فإنه ينبغي أن يكون به قوة حفز لاستثارة دافعية

المتعلم للعمل لفترة أطول، وأن يستخدم الرسوم المتحركة، والألوان والأصوات المنافسة كأساس لعناصر اللعبة، كما يجب أن يتضح الهدف النهائي من اللعبة في ذهن المتعلم ليعمل على تحقيقه بوضوح، ويستخدم في ذلك المعلومات، والإرشادات التي توضح الطريق الذي عليه أن يسلكه.

مميزات وعيوب برامج الألعاب التعليمية:

من أهم مميزات برامج الألعاب التعليمية هي إثارتها للمتعلم بشكل يدفعه للمشاركة الفعالة في الدرس، ويستثير طاقاته من أجل مواصلة العمل مع البرنامج، والتغلب على الملل، أو الرتابة التي قد تصيبه من جراء دراسة بعض الموضوعات غير المحببة، أو المجردة بالنسبة له من ناحية أخرى تقدم بعض هذه البرامج الصور، والمؤثرات الصوتية والتي تظهر أحياناً عند حدوث استجابة خاطئة، مما يعد تعزيزاً لاستجابة المتعلم، بالإضافة إلى أن هذه البرامج تنمي جزءاً صغيراً أو قدراً قليلاً من المهارات في وقت كبير نسبياً وعن طريق العديد من الإجراءات.

بالإضافة إلى الأنماط الرئيسة السابقة، هناك أنماط أخرى لاستخدام الحاسب في التعليم. فعلى سبيل المثال،

أ-   **الطريقة الاستقصائية Inquiry Mode:** التي تهدف إلى تشجيع المتعلمين في مجال النشاطات البحثية التي تستخدم في جمع المعلومات وتطوير القدرات العقلية.

ب- **طريقة الحوار السقراطي Socratic Dialogue Mode:** وتهدف هذه الطريقة إلى التفاعل المستمر بين الجهاز والمتعلم عن طريق حوار منظم يتم فيه طرح الأسئلة والإجابة عنها، مع التركيز على جوانب معرفية مهمة؛ حيث يمكن للطالب أن يطرح بعض الأسئلة المتعلقة بالموضوع بلغة طبيعية.

ج-**حل المسائل:** وفي هذا النمط يستخدم الحاسب وسيلة لحل المسائل، أو إيجاد الأمثل من ضمن مجموعة من الحلول، ولا يقتصر استخدامه هنا على حل المسائل الرياضية،

أو الفيزيائية، وإنما يتجاوز ذلك إلى جميع المسائل التي تتعامل مع البيانات والتي يمكن فيها تمثيل المعلومات على هيئة أرقام، ويدخل تحت هذا النمط التطبيقات التي تهدف إلى تنمية التفكير، والقدرة على التحليل في حل المسائل، وفي هذا النمط يستخدم الحاسب كمساعد للتلاميذ على تنمية قدراتهم على التفكير وحل المسائل عن طريق تحليلها، وتجزئتها إلى مكونات أبسط وأصغر.

يتضح مما سبق، أن هناك أنواعاً كثيرة لبرامج الحاسب التعليمية، ويعتمد نوع البرنامج على أسلوب تقديم، أو عرض المادة التعليمية للمتعلم، وعلى مشاركة الطالب في أحداث البرنامج، وعلى الهدف من الموضوع الدراسي وطبيعته، فقد يكون الهدف هو تعلم بعض المفاهيم والحقائق (البرامج المعلمة-برامج المحاكاة)، أو التدريب على بعض المهارات (التدريب والممارسة- الألعاب التعليمية).

ولا يعني ذلك أن هناك حدوداً فاصلة بين كل نوع من الأنواع السابقة، ولكن يمكن أن يحتوي برنامج واحد على خصائص برنامجين أو أكثر من أنواع البرامج السابقة، وذلك لتحقيق أهداف معينة قد يصعب تحقيقها عن طريق أحد الأنواع منفرداً، أو للتغلب على صعوبة معينة في حالة استخدام نوع معين من البرامج بمفرده، أو لإثراء عملية التعلم، أو للجمع بين مميزات نوعين مختلفين من البرامج لتصبح أكثر فعالية أو تأثيراً في المتعلم.

وختاما، ليس من المناسب التصريح بأن هذه الطريقة، أو تلك هي أفضل الطرق للتدريس بوساطة الحاسب، فبعض الطرق يمكن اعتبارها ممتازة لأنها تشجع التعلم الفردي الذي قد نحتاج إليه، كما أن بعض الطرق يمكن اعتبارها ممتازة لأنها تشجع التعلم التعاوني، كما يمكن اعتبار طرق أخرى أفضل لأنها تستعمل مع جميع طلاب الفصل، هذا من جانب، ومن جانب آخر لا بد من معرفة سبب حاجتنا للبرمجية، أو البرنامج التعليمي قبل اختيار طريقة التدريس المناسبة، فإذا كانت هناك حاجة لتقديم تمارين، وتدريبات فإن برامج التدريب، والتمرين تكون مناسبة، أما إذا كانت هناك حاجة لتدريس معلومات، أو مهارات، أو مفاهيم جديدة، فإن برامج التعلم الذاتي تكون مناسبة، أما إذا أردنا أسلوب حل المشكلات، فإن برامج المحاكاة والألعاب التعليمية تكون مناسبة.

كما أن هناك أنماطا لاستخدام تكنولوجيا المعلومات والاتصالات في التعليم لازالت في طور البحث والتجربة نظراً لتكلفتها واحتياجاته إلى تقنيات متطورة، **مثل رصد العيون** Eye Tracking،**وأساليب الذكاء الاصطناعي** Artificial Antilogous التي زاد الاهتمام بها مؤخرا، نظرا لحاجة تكنولوجيا المعلومات والاتصالات إلى الاقتراب أكثر من الطبيعة الإنسانية، وأنماط التفكير الإنساني، ولغات البشر.

الذكاء الاصطناعي .. والتعليم

يهدف الذكاء الاصطناعي إلى فهم طبيعة الذكاء الإنساني عن طريق عمل برامج للحاسب قادرة على محاكاة السلوك الإنساني المتسم بالذكاء. وتعنى قدرة برنامج الحاسب على حل مسألة ما، أو اتخاذ قرار في موقف ما بناء على وصف له كما أن البرنامج نفسه يجد الطريقة التي يجب أن تتبع لحل المسألة، أو للتوصل إلى القرار بالرجوع إلى العديد من العمليات الاستدلالية المتنوعة التي غذى بها البرنامج، ويعتبر هذا نقطة تحول هامة تتعدى ما هو معروف باسم "تقنية المعلومات" التي تتم فيها العملية الاستدلالية عن طريق الإنسان، وتنحصر أهم أسباب استخدام الحاسب في سرعته الفائقة.

ويمكن تعريف الذكاء الاصطناعي على أنه ذلك الفرع من علم الكمبيوتر الذي يتعلق بميكنة تصرف ذكي. ومن هذا المنطلق فهو يجب أن يقوم على مبادئ نظرية وتطبيقيه في هذا المجال. وتتضمن هذه المبادئ هياكل البيانات المستخدمة في تمثيل المعرفة والخوارزميات المطلوبة لتطبيق تلك المعرفة، واللغات، وتقنيات البرمجة المستخدمة في معالجتها، وبالرغم من ذلك فإن هذا التعريف فيه قصور من ناحية أن الذكاء نفسه غير مفهوم جيداً.

تعرف البرامج التي تستخدم تقنيات الذكاء الاصطناعي لتساعد الأشخاص في التعليم ببرامج "التعليم الذكي **بمساعدة الكمبيوتر" Intelligent Computer Assisted-Instruction (ICAI).**

تعتمد تكنولوجيات التعليم الذكية علي الانتشار الواسع لاستخدام، وتطبيق مفاهيم، ونظريات كل من علم الذكاء الاصطناعي، وعلوم الإدراك المعرفية فالتقدم في علم الذكاء

الاصطناعي يؤدي إلى تحسين، وتطوير النظم التعليمية عن طريق الفهم العميق لكل من كيفية تمثيل المعرفة، وأساليب الاستنتاج، والاستدلال بالإضافة إلى الوصف الدقيق للطرق المعرفية. أما التقدم في علوم الإدراك المعرفية يؤدي إلى الفهم العميق للقضايا العلمية الآتية : كيف يفكر البشر؟ كيف يقوم البشر بحل المسائل؟ كيف يتعلم البشر ؟

ومن جانب آخر، فإن التزاوج بين الذكاء الاصطناعي وعلوم الإدراك المعرفية (علم **النفس الإدراكي** Cognitive Psychology)، **وعلم الإدراك** (Cognitive Science) يؤدي إلى تصميم، وخلق برمجيات تعليمية من نوع جديد تتميز بالذكاء لها صفات، وقدرات تقترب من سلوك الإنسان البشري حيث أنها تساعد الطلاب على التعلم بطريقة أفضل، وأحسن، وأسرع من الأجيال السابقة للبرمجيات التعليمية التقليدية نظرا لما يتميز به من الإدراك والقدرة على التفكير، والاستنتاج، والاستدلال في حل أي مشكلة، وفي أي مجال .

ومن أحدث تكنولوجيات التعليم الذكية (أو الماكينات الذكية) ما يلي:

١ـ تكنولوجيا الطلبة الافتراضيين؛

٢ـ تكنولوجيا نظم التعلم الذكية؛

٣ـ تكنولوجيا التعرف على الكلام والتي تساعد الطلاب على تعلم القراءة .

وهكذا نخلص إلى أن التكنولوجيا قد بدأت تهدد وجود شرائح كبيرة من الناس بسبب التطور السريع الذي يشهده العالم حاليا، تتصاعد تحذيرات خبراء، ومنظرين من احتمالات فناء الجنس البشري، في حين يتوقع آخرون انتهاء عصر العمل خاصة الشاق منه . ويرى بعض الخبراء أن تطوير ما يعرف بالذكاء الاصطناعي نتج عنه وجود أعداد هائلة من الآلات (الروبوت) في كل مجال وتخصص ، بدءا من المنزل حتى أماكن العمل لينتهي الاحتياج إلي الأيدي العاملة التي سيكون عليها البحث عن فرص عمل بديلة في مجال وحيد متاح هو تكنولوجيا المعلومات والاتصالات !

تنظيم غرفة الصف

إن من المفضل لتنظيم غرفة الصف أن يأخذ بعين الاعتبار ما يلي:

١- أن يستطيع المعلم الوقوف إلى جانب العرض، أو الإشراف على الطلبة أثناء انشغالهم بجهاز الحاسب؛

٢- أن يستطيع الطلبة الحركة والانتقال من الصف وإلى خارج الصف، ومن أماكن جلوسهم المعتادة إلى الجلوس أمام الحاسب؛

٣- أن يوضع الحاسب والأجهزة الملحقة به في مكان بعيد عن أشعة الشمس، أو الماء، أو بودرة الطباشير، أو أي أجهزة كهربائية أو مواد كيميائية في غرفة الصف؛

٤- أن يتيح للطلبة فرصة العمل في مجموعات صغيرة.

الصفوف التفاعلية (تنظيم غرفة التعليم التفاعلي)

رغم وجود تنظيمات متعددة لغرفة التعلم التفاعلي إلا أنها جميعها تشترك في أنها توفر بيئة تتميز بتوفير اتساق وتكامل بين الأهداف التربوية والمحتوى العلمي من جهة، وبين المعلم والمتعلمين من جهة أخرى. فكل تنظيم لغرفة الصف ييسر تقديم الدرس أو عرضه من قبل المعلم أو التلقي من قبله بوساطة أشكال متعددة من الشبكات والتي تتطلب آليات تفاعل متعددة.

تصمم الغرفة بحيث تناسب مواقف تعلمية تعليمية مختلفة، كالآتي:

١-الغرفة مكان عرض للتعلم الإلكتروني، بينما يتلقى المتعلم المادة التعليمية في مكان آخر.

يتيح هذا التنظيم الفرصة أمام المعلم لتقديم الدرس للمتعلم والتفاعل معه عن بعد، وقد يكون المتعلمين يتعلمون بصورة فردية -كل على حدة- أو في مجموعات.

٢- الغرفة مكان عرض للتعلم الإلكتروني، بينما يتلقى بعض المتعلمون المادة التعليمية في نفس المكان وآخرون في مكان آخر.

يتيح هذا التنظيم الفرصة أمام المعلم لتقديم الدرس للمتعلمين، والتفاعل معهم مهما كان موقعهم على الأرض-فمنهم من يكون حاضرا في الغرفة الصفية، ومنهم من يكون في مكان آخر يتلقى ويتفاعل مع المعلم عن بعد، وهذا التنظيم يتيح للطلبة التعلم والمشاركة في مواقف تعليمية تضم طلبة من ثقافات متعددة.

٣-الغرفة مكان لعرض جماعي.

تصمم هذه الغرفة التفاعلية لتيسير قيام مجموعة من المتخصصين (أو الخبراء) بالعرض (الذي ربما يكون على شكل ندوة أو ورشة عمل) من مكان ما إلى مجموعة من المتعلمين أو أكثر تتابع العرض، وتتفاعل معه عن بعد.

٤- الغرفة مكان للتعلم الفردي.

يتلقى المتعلم ويتفاعل مع المعلم ومع بقية الطلبة في الصف بصورة فردية من البيت أو المكتبة.

٥- الغرفة مكان للتعلم الجماعي.

تصمم هذه الغرفة بحيث تتيح فرصة التعلم التعاوني بين الطلبة الحاضرين في الغرفة (وفي الغالب تتسع الغرفة إلى ٢٠ طالبا)، والطلبة الذين يتفاعلون عن بعد، وفي مثل هذه الغرف تعطى الأولوية في الغالب للطلبة الذين يتعلمون عن بعد لأن الطلبة الحاضرين يكون لديهم فرص أكثر للحوار والنقاش مع زملائهم ومع المعلم خارج أوقات الدرس.

إدارة الصف

هناك أمور يجدر العناية بها عند طرق موضوع إدارة الصف، ويمكن إجمالها بما يلي:.

١- **تعليق قائمة بأسماء الطلبة** في مكان بارز في غرفة الصف، وذلك لتحديد أسماء الطلبة الذين سيستخدمون جهاز (أو أجهزة) الحاسب في كل يوم. يفضل أن يتكرر عمل الطلبة بشكل دوري في كل مشروع أو مهمة. قد يستخدم المعلم بطاقات ملونة، لكل

يوم لون يكتب على كل منها أسماء مجموعة الطلبة الذين سيستخدمون الحاسب في ذلك اليوم.

٢- **التركيز على المشروع أو المهمة المطلوب تنفيذها عند الانتقال إلى العمل باستخدام الحاسب،** وعدم الانشغال بالتعرف على التفاصيل والإمكانات التي توفرها البرمجية المستخدمة، بل يفضل الشروع مباشرة بمجرد الانتقال إلى استخدام جهاز الحاسب في تنفيذ النشاط أو المشروع، وربما يكون من المناسب أن يبدأ الطلبة الأكثر معرفة وخبرة بالبرمجية التي سيتم استخدامها بتنفيذ المهمة المطلوبة، ويجدر الإشارة هنا إلى أنه ليس من الضروري أن يكون المعلم دائما أكثر اطلاعا ومهارة من الطلبة في استخدام البرمجيات. إن هذا لا يعيب المعلم، وإنما ينبغي أن يوضح للطلبة أنه لتنفيذ مهمة معينة يمكن أن نجد العشرات من البرمجيات التي يمكن أن تؤدي الغرض نفسه، وبهذه الرؤية يكون استخدام الحاسب في غرفة الصف فرصة للمعلم والطلبة لتبادل الآراء والخبرات؛ مما يزود الجميع بثقافة واسعة في مجال تكنولوجيا الاتصالات والمعلومات.

٣- **وعي المعلم للفرص التي يمكن لأجهزه الحاسب المتوفرة في منازل العديد من الطلبة** أن تخدم العمل داخل غرفة الصف وتوفر الوقت والجهد.

٤- **مراعاة توزيع عمل الطلبة بالتساوي.**

٥- **توفير فرص للعمل التعاوني في غرفة الصف.**

٦- **وضع لائحة بآداب التعامل مع الحاسب، وكيفية الحصول على المساعدة، وما هي حقوق ومسؤولية الطالب الذي يستخدم الحاسب.**

٧- **التأكيد على ضرورة التحضير المسبق مما يتيح فرصة الاستثمار الأمثل للوقت عند استخدام الحاسب.**

٨- **الاحتفاظ بملفين: الأول للمشاريع والأعمال التي تم تنفيذها، والآخر للمشاريع الجاري تنفيذها.**

٩- تعليق إرشادات حول أبرز الأوامر والمصطلحات الشائعة في مجال تكنولوجيا الاتصالات والمعلومات.

١٠- استخدام التعلم عن طريق الأقران، وذلك بمراعاة ما يلي:

أ- توفير إمكانية عمل الطلبة في مجموعات يتكون كل منها من طالبين إلى خمسة على الأكثر.

ب- عند توزيع الطلبة إلى مجموعات، أو تكليفهم ببعض الواجبات البيتية، لا بد من الاهتمام بمدى امتلاك الطلبة لمهارات استخدام الحاسب، أو توفر أجهزة حاسب، أو إمكانية الدخول إلى الشبكة العالمية في منازل الطلبة، أو في مقاهي الإنترنت.

ت- إعادة توزيع المجموعات كلما لزم الأمر.

ث- الطلبة يحتاجون إلى وقت للعمل بعيدا عن الحاسب من أجل التخطيط للمشاريع التي يريدون تنفيذها، ومراجعة ما تم تنفيذه، وكذلك من أجل الحوار والعصف الذهني.

ج- إتاحة الفرصة أمام الطلبة لتقييم، ونقد، وتعديل المشاريع التي يتم تنفيذها باستخدام الحاسب.

ح- الاستفادة من خبرات المتخصصين في مجال الحاسب لتزويد الطلبة بمعارف ومهارات جديدة في مجال تكنولوجيا الاتصالات والمعلومات، أو لتقديم استشارات تساعد في تنفيذ بعض المشاريع التي تحتاج إلى خبرات متقدمة في مجال المشروع. قد يكون هؤلاء المتخصصون من أولياء أمور الطلبة، أو إخوانهم، أو أي متطوعين من المجتمع المحلي.

الاستخدامات الممكنة لجهاز الحاسب في غرفة الصف

قبل البدء بعرض بعض الاستخدامات الممكنة لجهاز (أو أجهزة) الحاسب المتوافرة في غرفة الصف، لا بد من الإشارة إلى أنه في حالة عدم توفر ربط للجهاز مع الشبكة العالمية (الإنترنت) فيمكن للمعلم أن يستخدم **الأقراص الصلبة CDs** لبعض الموسوعات العالمية، مثل **بريتانيكا Britanica**،أو موسوعة إنكارتا Encarta،أو بعض الموسوعات التخصصية وفق طبيعة المبحث، أو الوحدة الدراسية. كما يمكن للمعلم أو الطلبة، كجزء من التحضير والإعداد المسبق للدرس، أن يقوموا **بحفظ Saving** بعض صفحات الإنترنت ذات العلاقة بموضوع الدرس على **أقراص لينة Floppy Disks** ليتم عرضها باستخدام الجهاز المتوفر في غرفة الصف، وفيما يلي بعض الاستخدامات الممكنة لجهاز الحاسب في غرفة الصف:

١- **استخدام الإنترنت كمُنَظِّم تمهيدي لوحدة دراسية أو درس في الكتاب المدرسي.**

يستطيع المعلم أن يختار بشكل مسبق بعض المواقع أو الصفحات على الشبكة العالمية ليتم عرضها أمام الطلبة في الغرفة الصفية. فقد يرغب المعلم أن يختار بعض الأحداث الجارية، أو قضية عالمية ترتبط بموضوع الوحدة أو الدرس، وبهذا يدرك الطالب أن الناس في مناطق كثيرة من العالم يتحدثون عن الموضوع الذي يقوم بدراسته حاليا، ولا يخفي على أحد أهمية ذلك في جعل التعلم ذي معنى من جهة، وفي زيادة دافعية الطالب نحو التعلم من جهة أخرى.

٢- **استخدام موقع على الإنترنت كمادة إثرائية، أو لتقديم نشاط يعزز فهم الطلبة للموضوعات الواردة في الوحدة الدراسية من الكتاب المدرسي.**

فعلى سبيل المثال، هنالك العديد من المتاحف والمخطوطات والمكتبات العلمية، والثقافية، والتاريخية، والفنية متوفرة على الشبكة، يمكن التجول فيها، بحيث تزود الطلبة بمعارف علمية أصيلة، وبصورة أكثر فاعلية.

٢- **زيارة المواقع التي تقدم تمارين ومسائل تعليمية تتطلب استخدام مهارات حل المشكلة ومهارات تفكير عليا.**

يوجد العديد من المواقع تقدم مثل هذه الأنشطة الصفية، التي تنمي مهارات التفكير الإبداعي والتفكير النقدي لدى الطلبة، والتي يمكن أن تنفذ بشكل فردي، أو مجموعات صغيرة، أو الصف بأكمله،مثل:

موقع ***Arctica*** *arc/ae/com.gene.www*، **وموقع** ***OnlineClass*** *com.onlineclass.www*.

٤- **انشغال الطلبة في مغامرات وألعاب تعليمية عبر الإنترنت، كالتي تقدمها شركة GlobaLearn وبشكل مجاني.** هذه الشركة توفر أمام الطلبة في غرفة الصف فرصة المشاركة، عن طريق الاتصال الصوتي، أو المطبوع، أو كلاهما معا بوساطة شبكة الإنترنت في حملات استكشاف تنظمها الشركة إلى العديد من دول العالم، حين يتحاور الطلبة في غرفة الصف مع طلبة آخرين في إحدى المدارس الواقعة في المنطقة التي يرغبون في دراستها، سيتعرفون منهم على خصائص المجتمع المحلي لتلك المنطقة. الطلبة الذين يستضيفونهم هم نقطة البداية لاستكشاف المنطقة، والصناعات التي تشتهر بها، والمصادر الطبيعية فيها، والعادات التي تميز المجتمع، والمشكلات الاقتصادية والاجتماعية والبيئية التي تواجه سكان المنطقة.

٥- **استخدام محركات البحث للحصول على معلومات يمكن أن تساهم في الإجابة على بعض الأسئلة التي يطرحها الطلبة، والتي تحتاج إلى جداول إحصائية أو ثوابت علمية، أو خرائط جغرافية، أو صورة دقيقة لكائن حي، أو غير ذلك.**

٦- **استشارة الخبراء.** يمكن للمعلم والطلبة في غرفة الصف توجيه أسئلة إلى خبراء متخصصين في موضوع معين على الشبكة، للحصول على إجابات دقيقة وتفصيلية، **مثل موقع** *com.askanexpert.www*.

٧- **استخدام جهاز الحاسب كوسيلة عرض توضيحية. يمكن استخدام برنامج عرض مثل برنامج PowerPoint لعرض وثيقة يكون المعلم قد أعدها مسبقا، أو لعرض مشاريع الطلبة.** وينصح هنا استخدام حجم خط كبير، مثل ٣٠ أو أكبر. وقد يستخدم الجهاز لكتابة جمل أدبية، أو قوانين علمية، أو لعرض رسوم توضيحية.

التخطيط للمشاريع الصفية

١- تعيين مشروع متكامل يتم تنفيذه باستخدام الحاسب ضمن فترة محددة، أسبوع مثلا.

٢- عرض نموذج لمشروع مكتمل مشابه.

٣- تزويد الطلبة بقائمة رصد يتم التعرف عن طريقها على مراحل تنفيذ المشروع خطوة خطوة. ينبغي أن ترفق هذه القائمة بملف المشروع للتعرف على ما تم تنفيذه من المشروع بشكل مرحلي.

٤- عند تنفيذ المشاريع باستخدام البرمجيات، يفضل استخدام **القوالب الجاهزة** Templates لأن استخدامها يوفر للمجموعة توجيه ذاتي من البرمجية نفسها، كما أن ذلك يساعد كل طالب في المجموعة في إعادة تنفيذ المشروع بمفرده مرة ثانية.

لدي جهاز حاسب واحد فقط، فماذا أفعل؟

يعتقد الكثير من التربويين أن السعي نحو استخدام المواد، والبرمجيات التعليمية المتوفرة على شبكة الإنترنت، أو على شكل أقراص صلبة في غرفة الصف لا يتحقق إلا عن طريق توفير جهاز حاسب لكل طالب في المدرسة، وأن يكون هذا الجهاز موصولا بشبكة الإنترنت، في حين أن مثل هذا الطموح لم يتحقق إلى الآن حتى في العديد من الدول المتقدمة في عصر تسيطر فيه تكنولوجيا المعلومات والاتصالات على شتى ميادين الحياة. أن نوفر جهاز حاسب واحد على الأقل في الغرفة الصفية، خيار معقول يقع في أغلب الأحوال ضمن إمكانات السلطة المشرفة على المدرسة. ولكن، ماذا يفعل عشرات الطلبة والمعلمون من مختلف التخصصات بجهاز حاسب واحد؟ إن هذا الجهاز الوحيد الذي نضعه أمام الطلبة والمعلمين في غرفة الصف، يتوقع أن يوفر العديد من فرص التعلم، وييسر عملية التعليم ويجعلها أكثر فاعلية؛ وبالآتي يحسن من مخرجات العملية التربوية.

في حالة توفر جهاز حاسب واحد فقط في غرفة الصف يستطيع المعلم وصله بجهاز عرض مثل: Data show أو LCD Projector أو تلفزيون؛ وعندئذ يستطيع أن يعرض ما يشاهده على شاشة الحاسب للطلبة. يستطيع المعلم استخدام برنامج لمعالجة الكلمات بدلا من اللوح الطباشيري. بالإضافة إلى ذلك يمكنه الاستفادة من المصادر التربوية المتوفرة على الشبكة العالمية.

عند وجود جهاز حاسب واحد فقط في غرفة الصف يستطيع المعلم تنفيذ ما يلي:

١- توزيع المهمات على الطلبة واستخدام أوراق العمل، وهذا يساعد المعلم في:

أ- تنظيم سجلات الطلبة وأعمالهم، ومتابعة حضورهم وغيابهم، ورصد درجاتهم، وتدوين ملاحظات حول تطور مهاراتهم في مجال استخدام الحاسب؛

ب- التقييم المرحلي. قد يستغل المعلم الحوار والمناقشة خلال تنفيذ الطلبة للمشاريع كنوع من الاختبارات الشفوية؛

ت- استخدام أوراق العمل، أو المواد المطبوعة، أو العروض التوضيحية كلما لزم الأمر؛

ث- تكليف الطلبة بكتابة تقارير حول المشاريع التي تم تنفيذها، ليتم إضافتها إلى موقع المدرسة على الشبكة، إن وجد ذلك، أو كتابة رسائل إلكترونية للمختصين في مجال المشروع للحصول على بعض التوجيهات، أو إلى المسؤولين في المجتمع المحلي لعرض اقتراحاتهم نحو قضية معينة؛

ج- التعامل مع المنهاج والكتب المدرسية بمرونة تامة، بحيث يقفز المعلم فوق بعض الموضوعات لوجود حاجة إلى ربط موضوع المشروع بموضوع آخر في الكتاب على أن يقوم المعلم في النهاية بتغطية محتوى الكتاب بأكمله، وقد يلجأ المعلم إلى توظيف مادة معرفية أو نشاط يحقق هدف الدرس بشكل أفضل من المحتوى الموجود في الكتاب المدرسي؛

ح- اكتساب المعلم كفاءات مهنية جديدة في مجال استخدام تكنولوجيا المعلومات والاتصالات في التعليم.

٢- تنفيذ العروض التوضيحية باستخدام الحاسب، يساعد في:

أ- نقل الأفكار وتوضيح المفاهيم؛

ب- تنظيم وإدارة المعلومات في غرفة الصف؛

ت- إدارة الصف وتنظيمه؛

ث- تشجع الطلبة على المشاركة في تنفيذ الأنشطة والمشاريع المقترحة؛

ج- توفير بدائل مختلفة لعرض محتوى الدرس.

٣- قيادة الحاسب للحوار والمناقشة حول موضوع الدرس، والاتفاق حول أولويات تنفيذ المشاريع، وهذا يساعد في:

أ- تغذية الحوار والمناقشة بالأفكار والآراء المبثوثة على الشبكة حول الموضوع؛

ب- تزويد الأطراف المختلفة بأدلة تدعم وجهات نظر كل منهم، في سبيل التوصل إلى اتفاق حول المشروع الأولى بالتنفيذ؛

ت- تصنيف المعارف وتنظيمها؛

ث- تعزيز أسلوب لعب الأدوار في التدريس؛

ج- تنمية اتجاهات إيجابية لدى الطلبة مثل احترام البرهان والأدلة، والموضوعية، وحب الاستطلاع؛

ح- إكساب الطلبة مهارة التواصل الفعال والتعبير بحرية مع احترام آراء الآخرين؛

خ- وجود الحاسب في غرفة الصف يضيف إلى العملية التعلمية التعليمية عنصرا الدراما والإثارة؛

د- الاطلاع على ثقافة الشعوب الأخرى والإفادة منها.

٥- إدارة أنشطة التعلم التعاوني بشكل فاعل، وهذا يساعد في:

أ- ضمان نشر المعلومة وتوزيعها على جميع طلبة الصف؛

ب- تنظيم تعلم كل مجموعة؛

ت- تعزيز استقلالية المجموعة؛

ث- توزيع المسؤوليات؛

ج- عمل الطالب كعضو في فريق؛

ح- تعزيز الترابط والتكامل بين المجموعات

مواقع مفيدة على شبكة الإنترنت:

التخطيط للدروس (مواقع للمعلمين):

- *Great Teaching in the One Computer Classroom.*
- *http://edweb.sdsu.edu/webquest/webquest.html*
  www.teachtsp.com/profdev/GreatTeach.htm.
- *http://www٢.drury.edu/dswadley/lessonplans.html*
- *Microsoft Lessons On-Line. www.microsoft.com/education/*
- *Teachnet Lessons. www.teachnet.com/lesson/*
- *Technology Supports for Project-Based Learning.*
  www.ed.gov/pubs/SER/Technology/ch٨.html
- *The One Computer Classroom.*
  www.chtree.com/per/Frank/ed٦١١٠/henderson/wq/onecomputer

■ موسوعات:

- *http://www.comptons.com/encyclopedia/*
- *http://www.funkandwagnalls.com/*
- *http://encarta.msn.com/*

– http://www.britannica.com/

– http://www.letsfindout.com/subjects/

– http://go.grolier.com/

■ مكتبات:

– http://www.servtech.com/~mvail/

– http://www.ipl.org/ref/RR/

– http://www.refdesk.com/facts.html

■ اللغات:

– WWWebster Dictionary-WWW Dictionary http://www.m-w.com/mw/dictionary.htm

– A Web of On-line Dictionaries http://www.facstaff.bucknell.edu/rbeard/diction.html

– Dictionary.com http://www.dictionary.com/

– http://www.eduplace.com/dictionary/index.html

– http://babelfish.altavista.digital.com/

■ أنشطة وتمارين لمختلف المباحث الدراسية:

– http://www.schoolexpress.com/

– http://members.aol.com/Donnpages/٣LessonPlans.html

– http://puzzlemaker.school.discovery.com/

■ صور وأشكال ورسومات:

– http://www.clipartconnection.com/

– http://www.nzwwa.com/mirror/clipart

– http://www.graphics-by-celeste.com/holiday_graphics/index.shtml

– http://image.altavista.com/

- *http://www.lycos.com/picturethis/*
- *http://www.snap-shot.com/clipart/*
- *http://www.hoxie.org/pdk/clip٠١.htm*
- *http://www.hoxie.org/pdk/clip٠١.htm*

■ وسائل للاتصال مع الآخرين:

- *http://messageblaster.com/*
- *http://ureach.com/*
- *http://www.evoice.com/*
- *http://insider.msn.com/messenger/*
- *http://www.aol.com/aim/quickbuddy.html*
- *http://chatweb.net/*

■ تسلية وألعاب علمية:

- *http://ull.chemistry.uakron.edu/cbower/jumble.html*
- *http://www.enchantedlearning.com/crafts*
- *http://www.kinderart.com/krecipe.htm*
- *http://soar.berkeley.edu/recipes/crafts/*
- *http://www.theideabox.com/ideas.nsf/craft+recipe*
- *http://www.northwesternmutual.com/games/longevity/*

■ التصميم والرسم:

- *http://cooltext.com/*
- *http://www.webgfx.ch/fx/fx_try.htm*
- *http://www.zyris.com/*

— http://www.flamingtext.com/

■ رياضيات:

— http://www.aplusmath.com/

— Calculators OnLine http://www-sci.lib.uci.edu/HSG/RefCalculators.html

— Cost of Living Calculator. www٢.homefair.com/calc/salcalc.html

— Home Improvement Encyclopedia. www.bhglive.com/homeimp/docs/

— http://www.bankofstockton.com/personal/equity/wedding.html

— Money Calculators. www.usatoday.com/money/calculat/mcfront.htm

■ العلوم:

— http://www.wolinskyweb.com/measure.htm

— http://www٢.drury.edu/dswadley/hpc/index.htm

— Web Elements Periodic Table http://www.shef.ac.uk

— Element Tables http://www.cs.ubc.ca/cgi-bin/nph-pertab

— http://chemlab.pc.maricopa.edu/periodic/periodic.html

■ تاريخ:

— http://www.scopesys.com/anyday/

— http://www.historychannel.com/thisday/

— http://www.dmarie.com/asp/history.asp

— http://www.infoplease.com/cgi-bin/dayinhistory

■ جغرافيا:

— *http://www.emulateme.com/*

— *http://www.theodora.com/wfb/abc_world_fact_book.html*

— *Online Newspapers from Other Countries http://pppp.net/links/news/*

— *Compare statistics about countries http://www.your-nation.com/*

■ خرائط:

— *MapQuest http://www.mapquest.com/*

— *EarthaMaps http://www.delorme.com/cybermaps/route.asp*

— *Maps On Us http://www.mapsonus.com/*

— *Microsoft Expedia.com http://www.expedia.com/*

— *TravelWeb http://www.travelweb.com/*

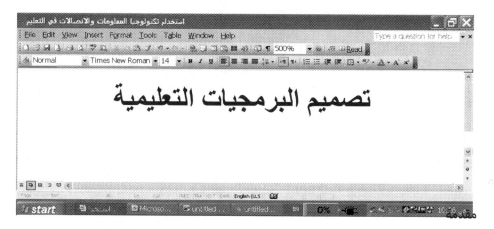

الفصل الثالث

مقدمة

إن عملية إنتاج البرمجيات التعليمية، يتطلب معرفة **بتصميم التعليم** **Instructional Design**، ومعرفة بمعايير تصميم البرمجيات ومكوناتها، كما أن ذلك يتطلب أيضا معرفة معايير تصميم الشاشات. بالإضافة إلى عناصر التصميم الفني للبرمجية التعليمية.

مبررات تصميم البرمجيات التعليمية

توصلت كثير من الدراسات، والبحوث التي درست أثر استخدام برمجيات الحاسب في التعليم إلى نتائج إيجابية مقارنة مع الطرق والأساليب التقليدية، أو حتى مقارنة مع وسائل تعليمية أخرى كالتلفزيون والفيديو وغيرها.

ويمكن تلخيص فوائد وميزات الحاسب والبرمجيات التعليمية بما يلي:

١- تشويق الطالب بالمادة التعليمية المعروضة عن طريق الشاشة؛

٢- توفير فرص التعلم الذاتي للطالب؛

٣- تساعد على عملية تفريد التعليم، وتوفير فرص التعلم الذاتي؛

٤- تنويع مصادر التعلم للطالب على اعتبار أن المعلم والكتاب ليسا المصدرين الوحيدين للحصول على المعلومات؛

٥- توفير الوقت الكافي للمعلم للتوجيه والإرشاد؛

٦- تقريب المفهوم إلى ذهن الطالب؛

٧- زيادة تحصيل الطلبة، وإثراء معلوماتهم؛

٨- معالجة ضعف الطلبة؛

٩- تفعيل دور الطالب؛

١٠- عرض مادة تعليمية بطريقة شيقة يصعب عرضها بالطرق والأساليب، والوسائل التقليدية.

معايير وقواعد تصميم البرمجية التعليمة الجيدة

تتصف البرمجية التعليمية الجيدة بخصائص تتناسب مع الأهداف التربوية المرغوب تحقيقها لدى فئة الطلبة المستهدفة، فمن هذه الخصائص ما يلي:

١-   وضوح العنوان

يجب أن تبدأ البرمجية بعرض عنوان الدرس ليسهل على الطالب اختيار المادة الدراسية المراد تعلمها.

٢- وضوح الأهداف التعليمية

يجب أن تحتوي البرمجية على صياغة جيدة للأهداف السلوكية المراد تحقيقها، و أن تكون مشتقة من محتوى دروس المادة التعليمية التي تحتويها هذه البرمجية، بحيث تكون مصاغة بعبارات سلوكية محددة يسهّل قياسها وملاحظتها.

٣- التعليمات والإرشادات

نظراً لتقنيات الحاسب العالية، فإنه من السهل برمجة أي مادة تعليمية بحيث يستطيع المستخدم، أو الطالب تعلمها ذاتياً لوحده، أو تحت إشراف المعلم على حد سواء، لهذا السبب تعتبر البرمجيات التعليمية من العناصر الرئيسة التي تساعد على تفريد التعليم، وهذا يتطلب وضوح التعليمات، والإرشادات منذ البداية للمتعلم، ليسهل عليه استعمالها والتعامل مع تطبيقاتها المتنوعة بكل يسر وسهولة. بالإضافة إلى إرفاق نشرة دليل المستخدم (الطالب)، التي تحتوي على إرشادات تساعد على دراسة هذه البرمجية، وتعلم محتواها بطريقة سهلة تساعد على تحقيق الأهداف التربوية التي صممت من أجلها.

٤- مراعاة الفروق الفردية للطلبة (خصائص وصفات الطالب)

تعتبر عملية تحديد فئة الطلبة المستهدفين بالبرمجية التعليمية من معايير إنتاج البرمجية التعليمية الجيدة مثل: (صف الطالب، مستواه التحصيلي، وعمره، وذكائه، وبيئته.. الخ). وهذا يساعد الفريق المنتج للبرمجية على تحديد اختيار درس، أو تأليف الدروس المراد برمجتها عن طريق الحاسب بحيث تكون في مستوى تحصيل الطلاب.

٥- تشوّق المتعلم وتذكي نشاطه

يجب أن تشتمل البرمجية التعليمية الجيدة على بعض المؤشرات الصوتية، والأشكال، والرسوم المتحركة، والألوان التي تساعد على جذب انتباه الطالب، وتشويقه بالمادة التعليمية المعروضة، كما ويزيد من فعالية المادة التعليم المعروضة على شاشات الحاسب.

٦- الابتعاد عن الحشو اللغوي الذي يؤدي إلى الملل

يجب أن تكتب المادة التعليمية المراد برمجتها عن طريق الحاسب بوضوح، وأن تصاغ بأسلوب شيق بعيداً عن التكرارات التي تؤدي إلى الرتابة والملل.

٧- تفعيل دور الطالب

ينبغي أن تبرمج المادة التعليمية بطريقة تساعد على تفعيل دور الطالب، وذلك عن طريق ما تحويه من أنواع الاختبارات، والتدريبات، والنشاطات الذاتية التي تكون كمثيرات تشجع الطالبات على قراءة المادة التعليمية المعروضة.

٨- تنوع الاختبارات والتدريبات

يجب أن تحتوي البرمجية التعليمية على أنواع مختلفة من الاختبارات التي تتناسب وأهداف البرمجية، وأن تندرج من السهل للصعب، بحيث تتيح للطالب فرصة اختيار نوع الاختبار المناسب له.

٩- دوران الشاشة

من شروط البرمجية التعليمية الجيدة أن يسير الطالب وفق قدراته، وسرعته الذاتية، وأن يتحكم الطالب بالبرمجية بحيث ينتقل من شاشة إلى أخرى وفق رغبته وسرعته، وعدم دوران الشاشة وفق توقيت زمني محدد.

١٠- التغذية الراجعة

توفر البرمجية التعليمية الجيدة تغذية راجعة فورية للمتعلم سواء أكانت إجابته صحيحة أم خطأ، وذلك لإتاحة الفرصة له للتأكد من تحقيقه الأهداف التربوية المرجوة.

١١- التعزيز

يعتبر التعزيز شكلاً من أشكال التغذية الراجعة، الذي تقدمه البرمجية التعليمية الجيدة، ويكون على شكل ألفاظ (صح، أحسنت، عظيم) وموسيقى، وصور متحركة، مع تقديم الدرجة التي حصل عليها الطالب.

١٢- التشخيص والعلاج

يجب أن تتيح البرمجية التعليمية الجيدة الفرصة للطالب تكرار مقولة إعطاء الإجابة الصحيحة في حالة عدم تمكنه من إعطائها في المرة الأولى، وفي حالة عدم تمكنه من معرفة الإجابة الصحيحة في المرة الثانية يقدم الحاسب الإجابة للطالب قبل الانتقال إلى السؤال الثاني، وهكذا بالإضافة إلى ذلك فيمكن أن تحتوي البرمجية على تدريبات، ونشاطات مرتبطة بموضوع الدرس التي يختارها الطالب الذي لم يحقق الأهداف التربوية المنشودة التي تساعد معالجة ضعف هؤلاء الطلبة، وتحسين مستواهم التحصيلي قبل الانتقال إلى مستوى متقدم آخر.

١٣- المساعدة

يجب أن تحتوي كل برمجية تعليمية على مساعدة تمكن الطالب من حل المشكلات المعقدة التي تواجه أثناء متابعة البرمجية شريطة أن تكون هذه المساعدة محدودة، وذلك لحث الطلبة وتشجيعهم على اكتشاف الحل المناسب عن طريق المحاولة، وتنمية مهارة حل المشكلة لديه مما يساعد على تنمية قدراته العقلية.

تصميم الشاشات

من الصفات التي يجب أن تتصف بها شاشة الحاسب للبرمجية التعليمية الجيدة، وهي جذب انتباه المعلم للتركيز على المعلومات المعروضة. ولتحقيق ذلك يجب مراعاة حجم المعلومات المعروضة في الشاشة الواحدة، واستخدام الألوان المناسبة وإدراج الصور والرسومات والأشكال الداعمة للأفكار الرئيسة للمادة التعليمية المطلوبة، والتي تساعد على لفت انتباه المتعلم وتشويقه بمادة الدرس المعروضة، شريطة استخدام ذلك بطريقة مناسبة تساعد على تفعيل دور المستفيد.

وعند تصميم شاشات البرمجية التعليمية الجيدة يجب مراعاة المعايير الفنية المتعلقة بالألوان، والرسوم، والأشكال، والصور، والإضاءة، والصوت، وكذلك المعايير التعبيرية،

المتعلقة بالنصوص، والفقرات، وتنسيقها بطريقة يسهل قراءتها وتتبعها. وهذا يتطلب تحديد عدد الحروف والكلمات في كل سطر، وعدد الأسطر في كل شاشة بما يتناسب مع خصائص الفئة المستهدفة.

ويمكن تلخيص معايير تصميم الشاشات في البرمجية التعليمية الجيدة بما يلي:

١- عدم حشد كثير من المعلومات في الشاشة الواحدة، ويتم ذلك بعمل فراغات مناسبة بين الأسطر، وتحديد عدد الحروف والكلمات في كل سطر، وهذا يساعد الطالب على المتابعة، وسهولة القراءة للمادة التعليمية المعروضة؛

٢- توفير إمكانية التحكم بحجم، ونمط الخط، ونوعه، ولونه، ليختار المتعلم ما يلبي حاجته، ويسهل عليه عملية القراءة بطريقة جيدة؛

٣- إدراج الرسومات والصور والأشكال، التي تساعد على تشويق الطالب بالمادة التعليمية المعروضة سواء أكانت ثابتة، أم متحركة، شريطة أن تكون موضحة وداعمة للأفكار الرئيسة والمعلومات المعروضة، ولها علاقة وثيقة بها؛

٤- تحكم الطالب بالبرمجية، ليسير وفق سرعته الذاتية، وقدراته العقلية، ومستواه التحصيلي، وذلك عن طريق تجنب دوران الشاشة، أي تجنب سرعة انتقال الشاشة إلى شاشة أخرى وفق توقيت زمني محدد؛

٥- توافر إمكانية التحكم بألوان الواجهة الخلفية للشاشة، وألوان الواجهة الأمامية؛ لتسهيل عملية القراءة بطريقة مريحة للبصر، فاللون يجذب الانتباه ويريح النفس ويبرز المفهوم، واللون يوفر على المستخدم الوقت ويساعده في الوصول إلى المعلومة بيسر وسهولة ودون عناء؛

٦- توافر إمكانية التحكم بالإضاءة (الضوء الساطع، أو العالي، والضوء الخافت) ضمن معايير محددة.

عناصر التصميم الفني للبرمجية التعليمية

تتطلب عملية تصميم البرمجية التعليمية الجيدة مراعاة عناصر التصميم الفني كالصوت، والصورة، والشكل، والخط، واللون، والتي تلعب دوراً كبيراً في تحسين جودة، ونوعية البرمجية التعليمية.

من المعلوم أن البرمجيات التعليمية توفر فرص التعلم الفردي سواء داخل الغرفة الصفية أو خارجها على حد سواء. كما ويمكن استعمالها في تعلم المجموعات، والزمر التعليمية (التعلم التعاوني)، والتعلم بالمجموعات الكبيرة (المحاضرة) أيضاً. والبرمجية التعليمية الجيدة يجب أن تشتمل على عناصر التصميم الفني الآتية:

العنصر الأول: الصورة والشكل

إن إدخال وإدراج الصور، والأشكال، والرسوم المناسبة لمحتوى البرمجية التعليمية من العناصر الفنية الأساسية التي تساعد على تقريب المفهوم إلى ذهن الطالب، وتساعد على زيادة تركيزه، وتشويقه بالمادة التعليمية المعروضة، ويجب أن تدرج هذه الصور والأشكال والرسوم في أماكنها المناسبة والصحيحة داخل المتن من أجل أن تحقق الأهداف التربوية المنشودة، ويفضل أن تظهر الحركة، إذا كان الشيء الحقيقي الذي تمثله متحركاً، مما يساعد على تقريب الواقع الحقيقي المتعلم، وتزيد من قدرة الفهم للمتعلم والاستيعاب لديه.

ومن المعروف أن الصورة، والأشكال، والجداول، والرسوم لها دور رئيسي في جذب انتباه المتعلم، وتثير فضوله نحو محتوى المادة الدراسية، وتوفر المتعة، والتشويق، وتثير دافعيته نحو المتابعة.

العنصر الثاني: الخط

الخط هو عبارة عن مجموعة من النقط المتجاورة، أي أنه يبدأ بنقطة وينتهي بنقطة. ويعرّف لي وبولنغ Lee and Boling الخط المستخدم بالبرمجية التعليمية بأنه الطباعة، أو

الكتابة، أو المعالجة المرتبة للنص من ناحية اختيار شكل حرف الطباعة، ونوعه، ونمطه (حجمه)، ولونه ومكانه على شاشة الحاسب.

إن نص المحتوى يتكون من مجموعة من الكلمات، والحروف التي تتكون من مجموعة من الخطوط. والخطوط ترتبط بعملية القراءة وتعتمد سهولة قراءتها على حجمها، ونوعها، ولون هذه الخطوط وتبيان لونها مع لون الخلفية لشاشة الحاسب، مع مراعاة المسافات بين السطور، وعدد الأسطر في كل شاشة وعدد الكلمات والحروف في كل سطر. كما أن الخطوط العريضة الغامقة تساعد على تسهيل عملية القراءة، وتلفت انتباه المتعلم للمفاهيم والمصطلحات المهمة داخل النص.

العنصر الثالث: اللون

استخدم اللون منذ القدم في مختلف مجالات الحياة. واستخدم اللون بشكل فعّال في المجال التعليمي، حيث تم استخدامه في الكتب المدرسية المقررة، والصور، والرسومات والخرائط، وبطاقات لوحة الفانيلا، واللوحة الكهربائية، ولوحة الجيوب، واللوحة القلابة، كما واستخدم في الأفلام التعليمية الثابتة، والمتحركة، والشفافيات وغيرها الكثير.

فاللون له القدرة على جذب المتعلم، ولفت انتباهه نحو المادة التعليمية المعروضة، ويتطلب استخدام الألوان معرفة مجموعة الألوان المختلفة، وأنواعها المتباينة، ومعانيها، فمثلاً: الأحمر يرمز إلى الخطر والقوة، والأخضر: للتوازن والنمو والانطلاق، والأبيض: للصدق والنظافة والصفاء، والأزرق: للهدوء والصبر والراحة.. الخ).

وأثبتت نتائج كثير من البحوث والدراسات أهمية اللون وأثره على عملية التعلم، لما للون من آثار إيجابية على جذب انتباه المتعلم وزيادة تركيز بطريقة مناسبة وفي أماكنها الصحيحة حتى لا تفقد أهميتها. فكثرة الألوان تشتت الانتباه وتفقد عنصر الإثارة فيها. ولا يفضل استعمال أكثر من ثلاثة ألوان في المادة التعليمية المناسبة لتلاميذ المرحلة الأساسية الدنيا.

ويجب على المصمم التعليمية للبرمجيات التعليمية الإلمام بالألوان وأنواعها ومعانيها ومدلولاتها، لكي يستطيع استخدامها بطريقة صحيحة. فوضوح الألوان والاستعمال المحدد والمناسب لها يسهل على المتعلم الوصول إلى المعلومة، والتركيز على معناها مما يزيد من تحصيله وفهمه للمادة التعليمية المعروضة على شاشة الحاسب.

العنصر الرابع: الصوت

الصوت هو عبارة عن موجات تنتقل عبر المواد المختلفة. وفي الحياة أصوات كثيرة مختلفة من حيث النوع والشدة والدرجة، وبعضها بعضا مريح للسمع وبعضها غير مريح. ويشترط في المادة السمعية التي يتم تسجيلها على البرمجية التعليمية أن تكون واضحة ومعبرة ومناسبة لخصائص الطلبة وأن تسجل بشكل متزامن مع محتوى كل شاشة، ولذلك يجب كتابة المادة السمعية **Narration Text** على الورق وتحريرها فنيا وتدقيقها لغويا بحيث تكون الصياغة سليمة وسهلة. ولا بد عند التسجيل من استخدام ميكروفون بمواصفات عالية وشديد الحساسية، واختيار أشخاص لغتهم سليمة وأصواتهم واضحة وفيها مرونة ولديهم قدرات خطابية ومهارة الإلقاء، لأن ذلك يزيد من قيمة المحتوى ويشوق المتعلم ويرفع من مستوى تفاعله مع البرمجية التعليمية، مما يؤدي إلى زيادة تحصيل المتعلم الأكاديمي.

فريق تصميم البرمجية التعليمية

منذ منتصف القرن الماضي، أخذ رجال التربية في الدول الصناعية المتقدمة بعامة، والدول النامية بخاصة، على عاتقهم مهمة إدخال الحاسب في خدمة العملية التعليمية كوسيلة تعليمية حديثة. وشجعهم في ذلك ميزات الحاسب وتقنياته الفنية العالية، تمكن من سهولة برمجة مادة تعليمية لدرس أو عدة دروس تقدم إلى المتعلم بأسلوب شيّق يسهل تعلمها تحت إشراف المعلم أو حتى دون وجوده. وهذا شجع المختصين في علوم الحاسب وهندسته أو حتى الشخص الملم بمهارات الحاسب عن طريق الدورات التدريبية على إنتاج برمجيات

حاسب وترويجها تجارياً. ولو اطلعنا على هذا النوع من البرمجيات لوجدنا أن بعضها بعضا من النوع الرديء وغير مراع للجوانب التربوية.

ولتصميم البرمجيات التعليمية وإنتاجها بأسلوب تربوي لا بدّ من تشكيل فريق مكون من مجموعة من المتخصصين، وهم:

١- **الشخص المختص بالمادة التعليمية Subject Matter Expert**: هو المختص بكتابة المحتوى التعليمي لمادة دراسية محددة مثل اللغة العربية، أو اللغة الإنجليزية، أو العلوم، أو الرياضيات.. الخ؛

٢- **المبرمج Programmer**: وهو الشخص المسؤول عن توظيف لغات البرمجة في إنتاج المادة التعليمية؛

٣- **المصمم الفني Designer**: وهو في الغالب شخص موهوب في الأعمال الفنية كالرسم والتصوير باليد والحاسب، يقوم بإعداد الأشكال، والصور، والرسومات، وتنظيمها وإخراجها وفق ما تتطلبه المادة التعليمية؛

٤- **فني الحاسب Computer Technician**: وهو الشخص القادر على التعامل مع مكونات الحاسب وتقنياته الفنية وحل المشكلات المتعلقة بالتجهيزات والبرمجيات المستخدمة في عملية الإنتاج؛

٥- **مهندس الحاسب Computer Engineer**: وهو الشخص المختص بتصميم أجزاء أو وحدات الحاسب وتركيبها، وربط أجهزة الحاسب مع بعضها بعضا على شكل شبكة، بالإضافة إلى ربطها مع شبكة الإنترنت؛

٧- **المصمم التربوي Educational Designer**: هو الشخص المختص بتصميم المحتوى التعليمي وتصميم الشاشات التي تحوي المادة الدراسية بحيث تحقق الأهداف التي أعدت من أجلها، وهذا الشخص يهتم بالجوانب التربوية والنفسية للمادة التعليمية.

٧- **المحرر اللغوي** Language Editor: يقوم هذا الشخص بتدقيق اللغة والتأكد من سلامتها ومناسبتها لخصائص المتعلمين؛

٨- **المحرر الفني** Professional Editor: يقوم هذا الشخص بتدقيق الجوانب الفني للبرمجية بشكل عام فيما يتعلق باستخدام الألوان، وأنواع الخطوط، وتنسيقها، وحركة الأشياء، والتنقل بين الشاشات، وفاعلية الروابط، وغيرها من الأمور الفنية.

خطوات تصميم البرمجية التعليمية وإنتاجها

يتطلب إنتاج برمجية تعليمية جيدة ومفيدة ومحققة للأهداف التربوية اتباع الخطوات الآتية:

١- **تحديد الموضوع:** إن تحديد المبحث (المادة الدراسية) يعتبر من الأولويات التي يجب على المصمم التعليمي والمبرمج اختيارها؛

٢- **تحديد الدرس أو الدروس المراد برمجتها:** إن تحديد عناوين الدروس المراد برمجتها من الخطوات الأساسية التي يجب تحديدها؛

٣- **تحليل المادة الدراسية:** إن تحليل المادة الدراسية، وتحديد الأفكار وصياغتها بأسلوب شيق وبلغة سليمة يسهل تعلمها يعتبر من متطلبات إنتاج البرمجية التعليمية؛

٤- **تصميم الشاشات على الورق:** إن تصميم الشاشات للبرمجية وكتابة محتوى كل شاشة على الورق من العوامل التي تسهل عملية البرمجة لدى المبرمج؛

٥- **صياغة الأهداف السلوكية:** يجب أن تحقق كل شاشة هدفاً أو مجموعة أهداف سلوكية، وهذا يتطلب تحديد الأهداف بعبارات سلوكية محددة؛

٦- **التعليمات والإرشادات:** نظراً لإمكانية استعمال البرمجية التعليمية من قبل المتعلم دون الحاجة إلى وجود المعلم، فهذا يتطلب صياغة التعليمات والإرشادات التي تسهل على الطالب السير في البرمجية بطريقة سلسة بعيدة عن التعقيد؛

٧- **الاختبارات التطبيقية:** صياغة فقرات الاختبارات بلغة سهلة ومباشرة، مع تقدم تغذية راجعة فورية، وكذلك التشخيص والعلاج عن طريق إعطاء الإجابات الصحيحة في حال عدم تمكين الطالب من معرفتها. ويجب أن تكون فقرات الاختبار تتدرج من السهل إلى الصعب، وأن تكون متنوعة (اختيار من متعدد، وملء فراغ بعبارات محددة، والمزاوجة (التوافقية)، والسؤال والإجابة.. وهكذا)، وأن تحقق الأهداف التربوية السلوكية التي صممت من أجلها محتوى مادة التعليمية المبرمجة؛

٨- **تقويم الوسيلة:** يتطلب من المبرمج إطلاع المصمم التعليمي، والفريق المكلف بإنتاج البرمجية التعليمية على عملية البرمجة أولاً بأول، وبعد الانتهاء من عملية البرمجة، يجب عرض البرمجية على مجموعة من المختصين في تكنولوجيا التعليم والحاسب التعليمي والمناهج من أجل إبداء رأيهم في البرمجية من حيث مناسبتها للطلبة وسلامة اللغة، ووضوح التعليمات، وسهولة استخدام الأزرار للتنقل من شاشة إلى أخرى أو الخروج من تطبيق إلى آخر، وتنوع التطبيقات والتدريبات والاختبارات وتدرجها من السهل إلى الصعب، والمادة السمعية،والتغذية الراجعة، والتعزيز، والعلامات،التي تعطي للطالب عند انتهاء عملية التعلم مباشرة. كما ويفضل عرضها على عينة من الطلبة من نفس المرحلة أو المستوى الدراسي للتأكد من مناسبتها لهم. ومراعاة نمط الخط ومناسبته، وسهولة التحكم فيه، والألوان المستخدمة، والرسوم أو الأشكال أو الصور المتحركة أو غير المتحركة ومناسبتها للطلبة. على ضوء ذلك يتم تسجيلها في المكتبة الوطنية وأخذ رقم إيداع لها، ومن ثم يتم تعميمها على المعلمين في المدارس، ويمكن توفيرها للطلبة على أقراص مرنة أو اسطوانات؛

٩- **دليل الطالب:** يجب أن ترفق مع البرمجية التعليمية نشرة كدليل للطالب (المستخدم) تحتوي على عنوان البرمجية، ومجموعة المصممين، والمنتجين لها، والمبرمج، والتعليمات، والإرشادات، والأهداف السلوكية، ونوع أجهزة الحاسب، والإصدارات التي تعمل عن طريقها البرمجية.

الوسائط المتعددة Mutimedia

لقد فتحت الوسائط المتعددة باب الإبداع، والتميز، والتنافس على مصراعيه أمام المشتغلين في مجال تكنولوجيا المعلومات والاتصالات. لقد بدأ مفهوم الوسائط المتعددة مع ظهور الأقراص المدمجة، وبطاقات الصوت، ثم أضيف لها استخدام الكاميرات الرقمية ثم الفيديو، ومع تطور شبكة الإنترنت أصبح لا غنى عن استخدام تكنولوجيا المعلومات والاتصالات مع إمكانات الوسائط المتعددة على الرغم من تكلفتها العالية.

تعريف الوسائط المتعددة

هي اشتراك كافة عناصر التكنولوجيا-أو البرامج- التي تجمع ما بين الصوت، والصورة، والفيديو، والرسم، والنص في أداء مهمة بفاعلية عالية. أو هي مجموعة من الوسائط التي تشتمل على الصورة الثابتة، والصورة المتحركة، والصوت، والنص، وتعمل جميعها تحت تحكم الحاسب الآلي في وقت واحد. يضاف إلى ذلك توافر البيئة التفاعلية، حيث يعد التفاعل العنصر الأساس في تقنية الوسائط المتعددة وتتسم تطبيقات الوسائط المتعددة بالتفاعل فتسري المعلومات باتجاهين من البرنامج إلى المستخدم ومن المستخدم إلى البرنامج، لذلك تعتبر برامج الوسائط المتعددة أقوى وسيلة لكتابة البرامج التعليمية حيث عن طريقه يمكن استعراض المعلومات وتبادل الأفكار.

أهم عناصر تطبيقات الوسائط المتعددة:

الرسوم Graphics: وتشمل إمكانية عرض المخططات البيانية، والخرائط، كذلك التعامل مع الصور المتحركة، والصور الفوتوغرافية.

الأصوات المختلفة: حيث يتم تحويل الأصوات إلى إشارات رقمية يمكن أضافتها برامج الحاسب، ويمكن إضافة المؤثرات الصوتية للصور، كذلك يمكن التحكم وتغيير الأصوات من شكل إلى آخر، وهناك البرامج التي تتعرف على الصوت فيمكن إدخال المعلومات، أو البيانات بالكلام بدلاً من الطباعة.

النصوص: يمكن تخزين كمية هائلة من النصوص باستخدام الأقراص المدمجة، وتتم الاستفادة من هذه التقنية بتخزين الموسوعات الضخمة.

الفيديو: إن تقنية الفيديو متعارف عليها منذ فترة من الزمن إلا أنه بدأ في الفترة الأخيرة اعتمادها كوسيلة لتسجيل الفيديو ضمن برامج الوسائط المتعددة. فيتألف الفيديو الرقمي من إشارات رقمية بدلاً من القياسية.

فوائد استخدام الوسائط المتعددة

١. عرض الرسوم والصور المختلفة: يساعد على توضيح الأفكار، وإيصال المعلومات.

٢. إمكانية التحرك بسهولة بين الموضوعات المعروضة حيث يعطي فرصة جيدة للأسئلة والنقاش.

٣. استخدام العروض المختلفة مثل مقاطع الفيديو مع الخرائط أو غيرها، و يساعد في تقريب المعلومة للواقع.

٤. إضافة المؤثرات الصوتية:يساعد في وضوح الفكرة إلى جانب جذب الانتباه، والبعد عن الملل الذي يحيط العروض العادية.

٥. توفير أدوات متكاملة تعطي المستخدم قوة في العمل، والابتكار مما جعل اقتناء الحاسب أمراً مغرياً.

٦. تمكن من التقاط الأفلام الرقمية ثم تحميلها إلى الحاسب لتحريرها، وذلك ساعد على إمكانية استعراض المقاطع، وتحريك عناصر الفيلم، وتخزينها، وتعديلها.

مجالات استخدام الوسائط المتعددة

لقد تم استخدامها في مجالات متعددة بصورة كبيرة فأصبحت أغلب الأنشطة لا بد لها من استخدام هذه التقنية الفعالة، وأهم هذه المجالات:

الأعمال التجارية: نجد الوسائط المتعددة مستخدمة في جميع القطاعات؛ كوسيلة للإعلام، وتوفير المعلومة للزبائن، وجذبهم، وذلك بسبب التنافس الكبير بين الشركات والمؤسسات، فكل منها يعرض منتجاته بصورة تراعي انتباه وجذب الزبائن.

التعليم: يوفر الوسائط المتعددة الوسيلة الجيدة لجذب الانتباه إلى جانب إمكانية تقديم المعلومة بأسلوب شيق قريب من الواقع، وتتيح فرصة التعمق بتوفير قدر أكبر من المعلومات باستخدام الرسوم والصور مما يساعد على الإلمام بالموضوع. وكثير من البرامج المنتجة تهدف إلى تعليم الأطفال؛ وذلك بجذب الطفل لاستخدام الصور والرسومات، مما يساعد في تطوير البرامج التعليمية للأطفال خصوصاً تعلم القراءة، وهذا يزيد من مهارة الطفل.

الترفيه: من أكبر القطاعات استخداماً لهذه التقنية وتتمثل بألعاب الفيديو المختلفة.

الفنون: يسمح مجال الوسائط المتعددة بالتدريب على الرسوم والموسيقى.

عوائق استخدام الوسائط المتعددة في التعليم

تمثل مساحات التخزين الكبيرة التي تتطلبها برامج الوسائط المتعددة المشكلة الأساسية في الحاسب، حيث تتطلب هذه البرامج ذاكرة كبيرة Ram، فتسجيل مقطع فيديو مدته دقيقة واحدة قد يحتل مساحة تصل إلى ١٠ ميجابايت، كما تتطلب أن يتمكن النظام من عرض نطاق واسع من الألوان لا يقل عن ٢٥٦، كما أن معظم هذه البرامج مخزنة على أقراص مدمجة CD فلا بد من وجود محرك أقراص مدمجة، وكذلك لا بد من وجود بطاقة الفيديو، وبطاقة الصوت الداخلية، وقد تتطلب أجهزة أخرى، وهذا يكون على وفق

البرنامج المستخدم بالإضافة إلى سرعة المعالجات، فكلما كان الحاسب سريعاً أمكن استخدام تطبيقات الوسائط بسرعة وبكفاءة عالية.

معايير ضبط الجودة المتعلقة بخطة الدرس

تهدف خطة الدرس إلى مساعدة المعلم في تحقيق أهداف الدرس باستخدام مصادر التعلم المتاحة، والميديا، وطرق التدريس الحديثة التي تجعل الطالب ينهمك في عملية التعلم بفاعلية. كما تحتوي خطة الدرس عناصر تساعد الطالب على التعلم الذاتي في حالة عدم إمكانية استخدام الميديا.

معايير تتعلق بعناصر خطة الدرس

ينبغي التأكد من أمور:

١- اكتمال جميع عناصر الخطة (جميع عناصر الخطة قد تم تعبئتها بصورة وافية) Completeness؛

٢- أن عناصر الخطة تحقق أهداف الدرس العامة، والخاصة (ارتباط المحتوى العلمي، والأنشطة المقترحة، وطرق التدريس، وكافة عناصر الخطة بأهداف الدرس)؛

٣- مطابقة محتوى كل حقل في خطة الدرس مع موضوع الحقل Appropriateness.

معايير تتعلق بالمحتوى العلمي للدرس

ينبغي التأكد من أمور:

١- دقة المحتوى العلمي للدرس Error Free (خالية من الأخطاء العلمية أو الأخطاء المفاهيمية Misconceptions)؛

٢- البنية المنطقية للمحتوى العلمي (سلامة بناء وترتيب المعارف والأفكار، والاهتمام بالنمو الأفقي، والنمو العمودي للمفاهيم)؛

٣- حداثة المحتوى العلمي (عدم إهمال الإنجازات العلمية، والتكنولوجية الحديثة)؛

٤- تكامل المعرفة العلمية للدرس (عدم تجاهل معرفة يجب أن يتعلمها الطالب في هذا الدرس)؛

٥- تطابق الأمثلة مع موضوع الدرس (بحيث تكون الأمثلة شاملة لأفكار الدرس، ومتنوعة، وذات أهمية في الحياة، ومرتبة وفقا لمعيار معين وليست عشوائية).

معايير تتعلق بمفردات الدرس

ينبغي التأكد من أمور:

١- معالجة جميع مفردات الدرس في خطة الدرس بصورة مباشرة، والتأكد من تغطية كل جوانب تعريف المفردة؛

٢- ترتيب المفردات في الخطة بحيث يكون وفق تسلسل عرضها في الدرس؛

٣- أن تعريف المفردة يتفق مع المحتوى العلمي للدرس؛

٤- مراعاة توحيد المفردات والمفاهيم العلمية في نفس خطة الدرس، وفي الدروس الأخرى (أي استخدام نفس الألفاظ للتعبير عن المفردة أو المفهوم العلمي).

معايير تربوية

ينبغي التأكد من أمور:

١- أن الخطة توضح كيف يذكّر المعلم الطلبة بالتعلم القبلي اللازم للدرس؛

٢- وجود إرشادات وتوجيهات للمعلم تساعده في تحقيق أهداف الدرس بوجود الميديا أو في حالة عدم وجود الميديا؛

٣- ملاءمة الخطة لخبرات الطلبة، واهتماماتهم، وعمرهم الزمني (من حيث المحتوى العلمي والأنشطة المقترحة وطرق التدريس والأسئلة التي تتضمنها الخطة)؛

٤- وجود مقترحات يستطيع المعلم تبني بعضها بعضا من أجل استخدام الميديا لتدريس كامل الصف؛

٥- وجود مهمات تحتاج من الطلبة استخدام الميديا في التعلم الفردي؛ أو في مجموعات؛ أو تتطلب استخدام مختبر الحاسب؛

٦- وجود مهمات تتطلب حوار ومناقشة بين الطلبة في المجموعات وبين الطلبة والمعلم؛

٧- التكامل بين استخدام مصادر التعلم المعتادة. مثل: الكتب، والمجلات، وأشرطة الفيديو، والنماذج، والأجهزة المخبرية، والميديا.

٨- أن شرح الدرس موجه لاستخدام الطالب بحيث يسلم نفسه للتعلم الذاتي ويثير الدافعية للتعلم، ويحفز الطالب على مواصلة التعلم؛

٩- تنوع الأنشطة المقترحة، وطرق التدريس؛

١٠- تسلسل خطوات النشاط المقترح عمليا ومنطقيا؛

١١- كفاية الزمن المقترح لتنفيذ خطة الدرس؛

١٢- توفر إجابات محددة للأسئلة التي تطرح أثناء عرض الدرس؛

١٣- أن خطة الدرس تنتهي بتلميح أو تساؤل يهيئ الطالب للدرس اللاحق.

معايير اجتماعية

ينبغي التأكد من أمور:

١- أن محتوى الدرس يحترم قيم المجتمع الأردني بشكل عام، ولكن لا يعني هذا إغفال قيم المجتمعات العربية الأخرى أو عدم احترامها؛

٢- تجنب الأفكار المقولبة Stereotypes المتعلقة بالمعتقدات الدينية، أو المجموعات العرقية، أو النساء، أو ذوي الاحتياجات الخاصة؛

٣- أن محتوى الدرس يسعى إلى تكوين مواطن مسؤول يمتلك اتجاهات إيجابية نحو حماية البيئة، والصحة الشخصية، وحقوق الإنسان، التواصل الفعال، واحترام أخلاقيات المهنة وتكافؤ الفرص؛

٤- أن محتوى الدرس يعزز المهارات اللازمة للمشاركة في التوجه نحو اقتصاد المعرفة، فعلى سبيل المثال، يمكن في الميديا والعروض، والفعاليات المتعددة للدروس أن تتضمن تغطية لمختلف القطاعات الاقتصادية في الأردن، مثل: السياحة، والصحة، والخدمات المالية والمصرفية، وصناعة تكنولوجيا المعلومات والاتصالات، وذلك بهدف ربط التعليم بمتطلبات سوق العمل وتزويد المتعلمين بالمهارات والمعارف والاتجاهات التي تمكنهم من المساهمة باقتدار في تنمية الاقتصاد الأردني.

معايير خاصة بسيناريو الميديا المقترحة

ينبغي التأكد من أمور:

١- وجود تمهيد يسبق عرض الميديا يشير إلى هدفها ويثير الدافعية إلى مشاهدتها والتفاعل معها، ثم يتبع عرض الميديا حوار ومناقشة؛

٢- دقة المحتوى العلمي للميديا Error Free (خالية من الأخطاء العلمية أو الأخطاء المفاهيمية Misconceptions)؛

٣- أن الميديا تساعد الطالب على تطبيق ما تعلمه في مواقف جديدة؛

٤- أن الميديا تؤكد على أهداف الدرس ولا تكررها؛ بالإضافة إلى أنها تحقق أهدافا تربوية أخرى غير أهداف الدرس العلمية؛

٤- أن الميديا تحقق أهداف الدرس بإتباع أسلوب حل المشكلات (أي أن الميديا لا تقدم المعرفة العلمية بصورة مباشر تلقينية)؛

٦- الميديا وجدت لسد النقص في الإمكانات المدرسية، لذا، الأولوية في اقتراح الميديا يكون لتوضيح الأفكار العلمية والمفاهيم التي لا يمكن إيجاد تطبيقات وأنشطة لها باستخدام الورقة والقلم أو عدم توفر تطبيقات حياتية لها بمتناول الطالب؛

٧- أن الميديا تهتم بالعلميات العقلية العليا، لأنها تأتي بعد أن يكون الطالب قد حصل على مراجعة للمفاهيم القبلية والحد الأدنى من المفاهيم الجديدة في الدرس؛

٨- أن فكرة الميديا محببة ومناسبة لعمر الطالب في هذا الصف.

معايير ضبط الجودة المتعلقة بالميديا

الهدف الأساسي من الميديا هو تنمية فهم واستيعاب الطالب للمفاهيم العلمية الجديدة، عن طريق توضيح المفهوم بصورة دقيقة؛ وربط التعلم بالحياة بصورة وظيفية. كما أن عناصر الميديا ينبغي أن تبنى بحيث تثير اهتمام ودافعية الطلبة للتعلم عن طريق تدريس المفاهيم في سياق مألوف ومحبب للطالب. تتكون الميديا من مواد بصرية وسمعية. المواد البصرية قد تكون ثابتة مثل: الرسومات، والصور، والأشكال الهندسية، أو متحركة Animated مثل: لقطات فيديو، أو عروض متحركة، أو مقاطع كرتونية.

توفر الميديا درجة عالية من التفاعل بين مكونات الميديا والطالب، وذلك عن طريق استخدام أسلوب حل المشكلة. أما المواد السمعية فقد تكون صوت إنسان يتكلم، أو مؤثرات صوتية، أو صوت يصدره الشيء الذي هو موضوع الدرس، مثل صوت حيوان أو آله. ومن المعايير التي ينبغي مراعاتها في تصميم البرمجية التعليمية:

١- اختيار الخلفية بصورة دقيقة بحيث تناسب طبيعة المحتوى العلمي للدرس؛

٢- تبديل الخلفية وفق الفكرة العلمية أو طبيعة المشهد؛

٣- الحوار المستخدم في الميديا هو حوار مباشر مع الطالب أو حوار ذاتي على شكل تساؤلات تظهر على لسان الطالب؛

٤- توفر الميديا للطالب فرصة للتفاعل بطريقة سهلة مثل: الإجابة الشفوية على الأسئلة، أو اختيار من بين عدد من البدائل، أو الرسم والتظليل، أو السحب Drag أو، أن يصل بخط؛ أو الكتابة؛ أو القياس؛ وغيرها؛

٥- وجود تغذية راجعة وتعزيزات للطالب فورية وبأشكال مختلفة؛

٦- تظهر الشخصية الكرتونية في مواقع مناسبة وبالحجم المناسب؛

٧- التغذية الراجعة والتعزيزات تجمع بين الصوت والصورة (أي تظهر الشخصية الكرتونية تقدم التغذية الراجعة أو التعزيزات وتقوم بحركات تعبر عن ذلك)؛

٨- واجهة الميديا يجب أن تكون جذابة وتثير الدافعية للتعلم؛

٩- استخدام الإشكال التوضيحية والألوان ذات العلاقة المباشرة بمحتوى الدرس والمثيرة للانتباه؛

١٠- اختيار حجم الخط، ونوعه، ولونه، وطريقة ظهوره بصورة مناسبة ومثير للانتباه؛

١١- أزرار التصفح والانتقال موضوعة في أماكنها الصحيحة وتتكرر في نفس المكان لكل المشاهد؛

١٢- الذي يجب أن يصيد العين Eye track أولا في المشهد هو الفكرة الرئيسة للدرس؛

١٣- أن يتوفر في الميديا لمسة إبداع **Creativity** ولمسة طرافة **Fun** ما أمكن.

معايير ضبط الجودة المتعلقة بالتحرير اللغوي

تهدف هذه المعايير إلى ضمان استخدام لغة عربية سليمة وبسيطة في خطة الدرس والميديا، وذلك بمراعاة قواعد الإملاء، والنحو، وعلامات الترقيم بالإضافة إلى المعايير الآتية. ومن المعايير اللغوية التي ينبغي مراعاتها في تصميم البرمجية التعليمية:

١- التحرير اللغوي لا يقتصر على مراعاة قواعد الإملاء والنحو وعلامات الترقيم، وإنما يتطلب في كثير من الأحيان تغيير بناء الجملة، أو إعادة ترتيب الجمل في الفقرة، أو استخدام تراكيب لغوية بسيطة وواضحة بدلا من التراكيب اللغوية الشاذة أو الصعبة أو المهجورة؛

٢- توحيد النمطية في صياغة المعدودات أو الأمثلة التي تقع في زمرة واحدة، فإذا كانت جمل أن يكون لها جميعا نفس التركيب مثل: أن تبد بفعل ثم اسم ثم بقية الجملة، وهكذا، وإذا كانت مفردات أن تكون جميعا إما أفعال أو مصادر

مثل: الكائن الحي يقوم بالعمليات الحيوية الآتية: التنفس، والتغذية، والحركة، والنمو.

وليس صحيحا أن نقول: الكائن الحي يقوم بالعمليات الحيوية الآتية: التنفس، يتغذى، يتحرك، والنمو.

٣- التوافق بين مستوى اللغة والفئة المستهدفة (مثلا اللغة في النص الذي يخاطب المعلم تختلف عن اللغة في النص الذي يخاطب الطالب)؛

٤- توحيد المفردات اللغوية التي يكثر تكرارها، مثل: صفات... خصائص... سمات... مزايا... مميزات.

٥- العناية بصياغة عنوان الدرس (بحيث يكون جذابا ومثير للانتباه، وفيه لمسة طرافة وإبداع، ويحتوى على مفردة مفتاحيه أو أكثر للدرس، ويفضل أن يتضمن ضمير يعود على الطالب أو المجتمع)؛

٦- استخدام جمل قصيرة، وكل جملة تحمل فكرة واحدة محددة؛

٧- كل النصوص تتألف من جمل خبرية أو استفهامية، وليس أجزاء من جمل أو عبارات غير مكتملة، أو تراكيب غير مفهومة؛

٨- استخدام لغة علمية خالية من الصفات المعنوية والنسبية (مثل جميل؛ لطيف؛...)؛

٩- جميع الجمل ضرورية،ولا يوجد جمل يمكن الاستغناء عنها، أو جمل مكررة في لفظها أو معناها؛

١٠- عدم وجود تضارب أو اتساق في الضمائر، والأعداد، وزمن الفعل، والجموع، والتذكير والتأنيث؛

١١- في علامات الترقيم، لا يوجد مسافة بين آخر كلمة في الجملة وعلامة الترقيم، بينما توجد مساقة واحدة بين علامة الترقيم والكلمة الأولى في الجملة الآتية؛

١٢- حرف الواو مع كل معطوف إذا كانت المعطوفات أكثر من اثنتين، وليس مع المعطوف الأخير كما في الإنجليزية؛

١٣- ترتيب الكلمات في الجملة يتمحور حول الفكرة الرئيسة للجملة (أي أن تركيب الجملة غير مضلل)؛

١٤- أن تلتزم خطة الدرس بقواعد الإنشاء والكتابة، مثل تقسيم النص إلى فقرات، وانسياب الأفكار بين الفقرات، ووجود خاتمة مناسبة.

الفصل الرابع

أدوات العرض التقديمي

فتح تطبيق عرض تقديمي

خطوات فتح برنامج بوربوينت

١- لفتح برنامج بوربوينت باستخدام قائمة Start

أعرض قائمة **Start** واختر **Microsoft PowerPoint** يكون عادة موجودًا في مجموعة **Program**.

٢- **لفتح عرض تقديمي موجود.** انقر فوق أيقونة **فتح** فيظهر مربع حـوار فتح. إذا كـان الملـف الـذي ترغـب في فتحه موجودًا في مجلد آخر أو محرك آخر، انتقل إلى هذا الموقـع باسـتخدام مربـع قائمـة بحث في:

٣- **لفتح الملف المطلوب،** انقر فوق **الملف** لتحديده ثم انقر فوق زر **فتح.**

بعض الأدوات التي تساعدك في التعامل مع الملفات لمفتوحة

يمكنك استخدام الأيقونة الموجودة في أعلى مربع حوار فتح لمساعدتك في تحديد واختيار الملف المطلوب.

انقر فوق السهم المتجه إلى أسفل لعرض المجلدات و(الأدلة) والمشغّلات.

للانتقال مستوى واحد لأعلى	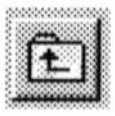 انقر هنا للانتقال مستوى واحد لأعلى عبر شجرة المجلد (الدليل).
للبحث على الويب	انقر هنا للبحث على الويب.
لحذف أحد الملفات	انقر هنا لحذف الملف المحدد (يمكنك أيضًا تحديد الملف ثم الضغط على مفتاح Delete).
لإنشاء مجلد جديد	انقر هنا لإنشاء مجلد جديد داخل المجلد المحدد.
للوصول إلى أدوات التعامل مع الملفات أو المجلدات	انقر هنا لاختيار طريقة عرض الملفات والمجلدات. النقر المتكرر فوق هذه الأيقونة سوف ينتقل بك عبر طرق العرض المتاحة.
قائمة الأدوات Tools ▾	 إذا نقرت فوق السهم المتجه إلى أسفل الموجود بجوار الأيقونة يمكنك استعراض قائمة بطرق العرض التي يمكن الاختيار من بينها.

استعراض قائمة الأدوات

النقـر فـوق هـذه الأيقونـة
سـوف يعـرض عـددًا مـن
الأدوات الخاصـة بالتعامـل
مـع الملفـات والمجلـدات
وذلك على النحو الموضح.

٤-   **لفتح ملف بوربوينت تم استخدامه مؤخرًا** يتم عرض قائمة بآخر أربعة ملفات تم فتحها مؤخرا في
أسفل قائمة **ملف** (الخيار الافتراضي هو أربعة ملفات). يمكنك فتح هذه الملفات عـن طريـق النقـر
فوقها.

تحرير عرض تقديمي موجود وحفظ التغييرات

بعد فتح العرض التقديمي باستخدام أي من الأساليب الموضحة سابقا، يمكنك تحرير النص أو الرسومات الموجودة بداخله. ولتحرير النص، انقر فوق **النص** وقم بإجراء التعديلات بالطريقة نفسها التي تستخدمها عند العمل في أحد برامج معالجة النصوص. ولتحريك صورة انقر فوقها مرة واحدة ثم اسحبها للموقع الجديد. وسوف نتعرف لاحقًا على كيفية تعديل التنسيق، والطريقة التي يظهر بها النص، والعرض التقديمي، وتكييف العرض التقديمي ليناسب عددا من وسائل العرض المختلفة.

٥- لحفظ أية تغييرات قمت بها، انقر فوق أيقونة **حفظ** في شريط أدوات بوربوينت.

فتح عدد من العروض التقديمية

٦- لتحديد (وفتح) مجموعة متجاورة من الملفات

أ- انقر فوق أيقونة **فتح** لعرض مربع حوار **فتح** للملف؛

عرض تقديمي ١.ppt
عرض تقديمي ٢.ppt
عرض تقديمي ٣.ppt
عرض تقديمي ٤.ppt
عرض تقديمي ٥.ppt
عرض تقديمي ٦.ppt
عرض تقديمي ٧.ppt

ب- انقر فوق الملف الأول في الم ومع الضغط على مفتاح **Shift**، انقر فوق آخر ملف في مجموعة الملفات المطلوبة. عندما تقوم بتحرير مفتاح **Shift** تبقى المجموعة كلها محددة؛

ت- انقر فوق زر **فتح** لفتح الملفات المحددة.

٧- لتحديد (وفتح) مجموعة غير متجاورة من الملفات انقر فوق أيقونة فتح، لعرض مربع حوار غامق.

أ- انقر فوق الملف الأول الذي ترغب في تحديده، ومـع الضغط عـلى مفتاح(Ctrl) انقر فـوق الملفـات الأخرى التي ترغب في تحديدها. عندما تقـوم بـإفلات مفتـاح(Ctrl)، تبقـى الملفات التـي تـم تحديـدها مميزة.

ب- انقر فوق زر فتح لفتح الملفات.

حفظ عرض تقديمي على القرص الصلب أو قرص مرن

١- لحفظ أحد العروض التقديمية.

أ- انقر فوق قائمة ملف المنسدلة وحدد حفظ باسم لعرض مربع حوار حفظ باسم؛

ب- حدد موقع المجلد أو مشغل الأقراص الذي تريد الحفظ فيه عن طريق النقر فوق السهم الموجود على يمين مربع قائمة حفظ في المنسدلة والبحث عن الموضع المطلوب؛

ت- أدخل اسم الملف في مربع نص اسم الملف. يمكن أن يتكون اسم الملـف مـن عـدد مـن الحـروف يصل إلى ٢٥٥ حرفًا؛

ملاحظة: لا يمكن أن تحتوي أسماء الملفات على أي من الرموز الآتية: ١/ :؟* | > > "

ت- انقر فوق زر حفظ لإكمال عملية حفظ الملف.

ج - لحفظ أحد الملفات على قرص مرن انقر فوق قائمة **ملف** المنسدلة وحدد أمر **حفظ باسم**. سوف يظهر مربع حوار مشابه للمربع الموضح فيما يلي؛

ح- انقر فوق السهم المبسب تسس سى يمن برء ـــ **ي** س سرب الموار واختي سوف يعرض قائمة منسدلة على النحو الموضح؛

خ- حدد أيقونة ٣.٥ Floppy (A)؛

د- أدخل اسم الملف ثم انقر فوق زر **حفظ**.

٢- إغلاق أحد العروض التقديمية

اختر أمر إغلاق من قائمة **ملف** المنسدلة.

أو انقر فوق أيقونة **إغلاق الإطار** الموجودة في الركن العلوي الأيمن من إطار العرض التقديمي. تأكد من النقر فوق أيقونة **إغلاق الإطار**، وليس أيقونة **إغلاق**.

٣- لإغلاق بوربوينت افتح قائمة **ملف** واختر أمر **إغلاق** أو انقر فوق أيقونة **إغلاق**.

إذا كانت هناك تغييرات لم يتم حفظها في العرض التقديمي يظهر مربع الحوار   الموضح فيما يلي، وهو يعطيك الفرصة لحفظ العرض التقديمي قبل إغلاقه.

٤-   انقر فوق **نعم** لحفظ العرض التقديمي قبل إغلاقهأو انقر فوق **لا** لإغلاق العرض التقديمي دون حفظ أو انقر فوق زر **إلغاء الأمر** لإلغاء عملية الإغلاق.

استخدام وظيفة "تعليمات" الخاصة بالتطبيق

تلميح اليوم

افتراضيًا يعرض بوربوينت **تلميح اليوم** في كل مرة تقوم فيها بتشغيل بوربوينت. إذا قضيت بعض الوقت في قراءة هذه التلميحات سوف تستفيد كثيرًا ويصبح لديك خبرة كبيرة في بوربوينت.

ما هو مساعد Microsoft Office؟

يقوم هذا المساعد بمراقبة العمل الذي تقوم به، وعرض التلميحات الخاصة بكيفية تنفيذ العمل بشكل أكثر كفاءة. ويمكنك أيضا طرح الأسئلة عليه حول الأشياء التي لا تعرفها. كما يقوم في بعض الأحيان بعرض معلومات على الشاشة بشكل تلقائي. إذا كنت غير متأكد من كيفية استخدم هذا البرنامج، يجب عليك أن تقرأ التعليمات المتوفرة، ويمكنك اختيار تنفيذها، أو طلب مزيد من الإيضاح، ويمكنك أيضا تجاهل التعليمية.

إظهار مساعد Office يتم عرض مساعد Office بشكل افتراضي، وإذا كان المساعد مخفيا وترغب في إعادة تنشيطه (إظهاره)، انقر فوق أيقونة **تعليمات Microsoft PowerPoint**.

لإخفاء مساعد Office انقر بزر

ر **إخفاء** من القائمة التي تظهر.

تعليمات "ما هذا؟"

في كثير من مربعات الحوار سوف ترى رمز علامة استفهام في الركن العلوي الأيمن من المربع. على سبيل المثال، انقر فوق قائمة "تنسيق" المنسدلة، ثم اختر أمر **خط** وسوف يعرض هذا مربع حوار خط الذي يحتوي على هذا النوع من التعليمات. لاستخدام تعليمات **"ما**

هذا؟"، انقر فوق علامة الاستفهام، ثم انقر فوق العنصر: في مربع الحوار،الذي تريد توضيحا له.

- في المثال الموضح أدناه تم النقر في مربع اختيار **مرتفع** الموجود داخل مربع حـوار **تنسـيق**، وكـما هـو واضح في الشكل، تم عرض التعليمات المرتبطة بخيار **مرتفع**.

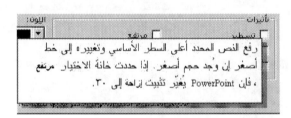

ضبط الإعدادات الأساسية

تغيير أنماط العرض

أيقونات العرض تستخدم أيقونات العرض لتغيير نمط عرض العروض التقديمية وتوجد هذه الأيقونات عادة في الركن الأيمن السفلي من الشاشة وفوق شريط الحالة في نظام التشغيل ويندوز.

والعروض المتاحة هي:

١- عرض عادي؛

٢- عرض مفصل؛

٣- عرض شريحة؛

٤- عرض فارز الشرائح؛

٤- عرض الشرائح.

عرض الشرائح

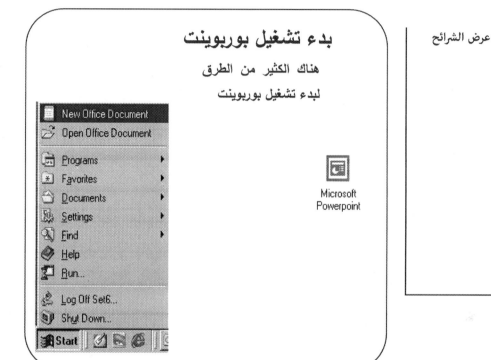

بدء تشغيل بوربوينت
هناك الكثير من الطرق
لبدء تشغيل بوربوينت
Microsoft
Powerpoint

استخدام أداة التكبير والتصغير لعرض الصفحة (سمة التكبير والتصغير)

تسمح هذه السمة بتكبير أو تصغير عرض الصفحة على الشاشة؛ حيث يمكنك عرض الصفحة بأكملها أو مجرد جزء منها. استخدم أيقونة **تكبير أو تصغير** من شريط أدوات **قياسي** للتكبير أو التصغير وفق إعدادات محددة. وللقيام بذلك انقر فوق السهم المتجه إلى أسفل المجاور لأيقونة **تكبير أو تصغير** فيتم عرض قائمة منسدلة بقيم تكبير وتصغير محددة مسبقا، اختر القيمة التي تريدها من هذه القائمة.

ملاحظة: لا يقتصر الاختيار على القيم المحددة، بل يمكنك أيضا اختيار أية قيمة ترغبها.

عرض وإخفاء أشرطة الأدوات

١- لعرض أحد أشرطة الأدوات، اختر أمر **أشرطة الأدوات** مـن قائمـة **عرض** لعـرض قائمـة **أشرطـة الأدوات** المنسدلة.

٢- اختر شريط الأدوات الذي تريد عرضه عن طريق النقر فوقه.

٣- طريقة سريعة لعرض أو إخفاء أشرطة الأدوات **تلميح:** إحدى الطرق السريعة لعرض أو إخفاء أشرطة الأدوات هي النقر بزر الفأرة الأيمن فوق شريط أدوات معروض، فيتم عـرض قائمـة أشرطـة الأدوات المنسدلة، والتي يمكنك منها تحديد أو إلغاء تحديد أشرطة الأدوات.

٤- إضافة أو حذف أيقونة من شريط الأدوات   لإضافة أيقونة إلى شريط الأدوات:

أ-   اختر أشرطة الأدوات من قائمة عرض؛

ب- اختر تخصيص من القائمة المنبثقة؛ فيتم عرض مربع حوار تخصيص على النحو الموضح أدناه؛

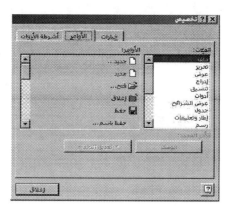

ج- حدد علامة تبويب الأوامر ثم ابحث عن الأيقونة (الزر) التي تريد إضافتها. اضغط بالزر الأيسر للفأرة **فوق** الأيقونة التي اخترتها واسحبها مع استمرار الضغط إلى شريط الأدوات الذي ترغب إضافتها إليه؛

د- لحذف إحدى الأيقونات، اضغط على مفتاح **Alt** وفي نفس الوقت اضغط على زر الفأرة الأيسر فوق الأيقونة التي تريد حذفها، استمر بالضغط واسحب الأيقونة إلى إطار العرض التقديمي ثم أترك كلاً من مفتاح **Alt** و زر الفأرة.

تبادل المستندات

ما المقصود بتبادل المستندات؟ يعني "تبادل المستندات" القدرة على تبادل المستندات بين الحاسبات التي تستخدم إما إصدارات مختلفة من بوربوينت أو برامجا مختلفة تمامًا للعروض التقديمية مثل هارفارد جرا فيكس أو فريلا نس.

حفظ عرض تقديمي باستخدام تنسيق ملف آخر: **Rich Text Format (rtf)** أو قالب العرض التقديمي، أو تنسيق ملف الصور، أو تنسيق برنامج آخر، أو رقم إصدار مختلف...الخ.

١- لحفظ ملف في تنسيق آخر غير تنسيق بوربوينت من قائمة **ملف** المنسدلة، انقر فوق أمر **حفظ باسم**؛

٢- حدد المجلد الذي ترغب حفظ الملف فيه من مربع نص **حفظ في**؛

٣- انقر فوق السهم المتجه إلى أسفل على يمين مربع **حفظ الملف بنوعه**، وحدد نوع تنسيق الملف الذي تريد حفظ الملف فيه، مثل **Outline/RTF**.

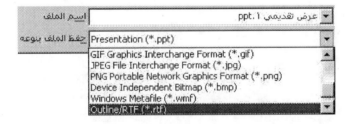

٤-

٥- أدخل اسم الملف ثم انقر فوق زر **حفظ** لحفظ الملف في التنسيق المطلوب.

ملاحظة: قد يؤدي حفظ العرض بتنسيق آخر إلى فقدان بعض معلومات التنسيق الموجودة في الملف الأصلي.

ما هو الملف في تنسيق RTF؟

يعتبر الملف من نوع RTF (Rich Text Format) ملفا عاما يمكن قراءته واستخدامه بوساطة عدد كبير من البرامج. ولهذا، إذا كنت ترغب في إرسال العرض التقديمي إلى شخص لديه إصدار مختلف من بوربوينت أو يستخدم برنامجا آخرا غير بوربوينت، فمن المناسب أن تقوم بإرسال الملف في تنسيق RTF. ولكن يجب الانتباه إلى أن استخدام الكثير من التنسيقات المعقدة في العرض التقديمي، يؤدي إلى زيادة حجم الملف في تنسيق RTF بالمقارنة مع ملف بوربوينت العادي.وهذا ما ينبغي مراعاته عند إرسال الملف عبر الإنترنت أو الإنترنت (أو في أثناء حفظ الملف على قرص مرن له قدرة تخزين محددة بحوالي ١.٤٤ ميجابايت).

حفظ الملف في إصدار مختلف من بوربوينت

يفيد هذا الأمر عندما تكون الأقسام المختلفة في شركتك تستخدم إصدارات مختلفة من برنامج بوربوينت حيث أن الإصدارات الأحدث من بوربوينت قادرة على قراءة العروض التقديمية المحفوظة في إصدارات أقدم ولكن العكس غير صحيح في معظم الأحيان فمثلا إذا تلقى شخص يستخدم بوربوينت ٤ على سبيل المثال: عرضًا تقديميًا تم تنسيقه باستخدام بوربوينت ٢٠٠٠، فإنه لن يستطيع فتحه. والحل في هذه الحالة أن يقوم الشخص الذي يستخدم بوربوينت ٢٠٠٠ بحفظ الملف في تنسيق بوربوينت ٤، على النحو الموضح فيما يلي:

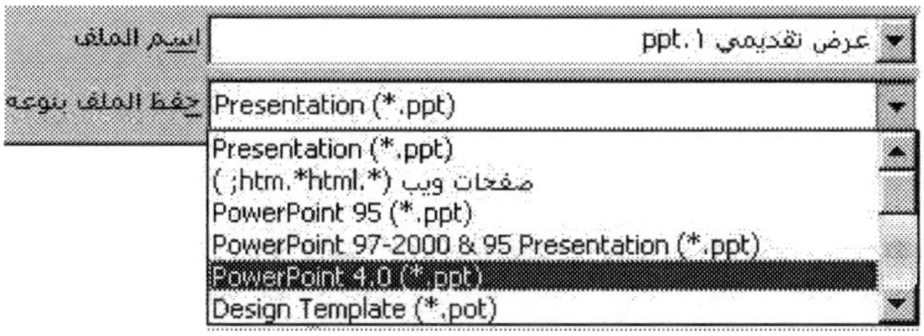

حفظ ملف كقالب

يعد القالب نوعا خاصا من الملفات يمكن إنشاؤه وتخصيصه على النحو المطلوب. ومن ثم يمكن إعادة استخدامه مرارا وتكرارا.

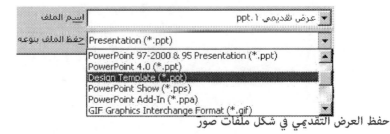

حفظ العرض التقديمي في شكل ملفات صور

يمكنك أن تحفظ كل شريحة في العرض التقديمي على هيئة ملفات صور منفصلة في تنسيق JPG أو Gif، إذا كنت ترغب في ذلك. حدد التنسيق المطلوب من جزء **حفظ الملف بنوعه** في مربع حوار حفظ باسم , على النحو الآتي:

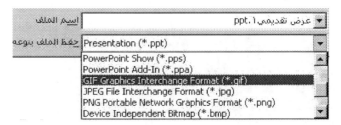

حفظ العرض التقديمي في تنسيق مناسب لنشره على شبكة الإنترنت

لحفظ ملف في تنسيق HTM (تنسيق الويب) من قائمة **ملف** المنسدلة،

١- انقر فوق أمر **حفظ كصفحة ويب**.

يعمل هذا على عرض مربع حوار

كما في الشكل الآتي:

٢- انقر فوق زر **نشر** وسيظهر مربع الحوار الآتي:

٣- انقر فوق **نشر** فتبدأ عملية التحويل.

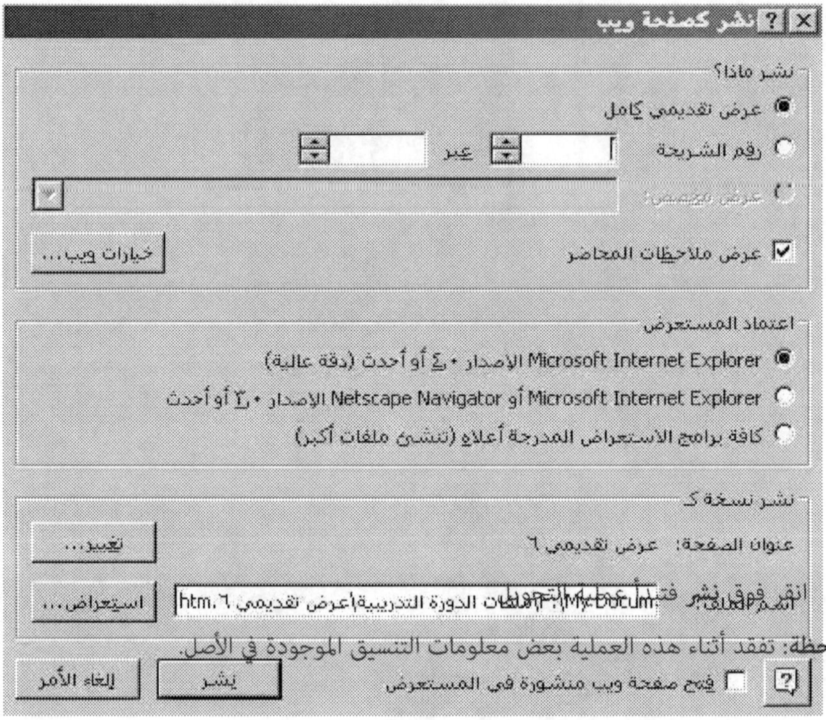

ملاحظة: تفقد أثناء هذه العملية بعض معلومات التنسيق الموجودة في الأصل.

العمليات الأساسية (إنشاء عرض تقديمي)

١- لإنشاء عرض تقديمي جديد عند بدء تشغيل **بوربوينت**

أ- شغل بوربوينت.

ب- اختر **عرض تقديمي فارغ** من مربع الحوار.

ت- انقر فوق **موافق.**

٢- لإنشـاء عـرض تقـديمي جديد في أثناء عمل **بوربوينت**	أ- افتح قائمة ملف ثم اختر جديد. ب- اختر عرض تقديمي فارغ من مربع الحوار. ت- انقر فوق موافق.

اختيار تنسيق تخطيط تلقائي مناسب للشريحة مثل شريحة العنوان أو تخطيط هيكلي أو تخطيط ونص أو قائمة ذات تعداد نقطي... الخ

١- لاختيــار تخطـــيط للشريحة من مربـــع حوارشريحة جديدة.	حدد تخطيط الشريحة المطلوب. في المثال الموضح أدناه تم تحديد تخطيط **شريحة العنوان.** 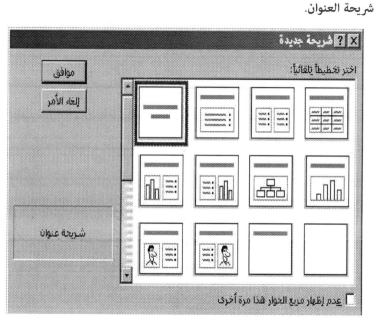 • انقر فوق زر **موافق** لتأكيد الاختيار.

٢- لإدراج شريحة جديدة باستخدام لوحة المفاتيح	إذا كنت تستخدم نمط عرض عادي أو عرض الشريحة وترغب في إدراج شريحة عنوان جديدة، اضغط على مفتاحي Ctrl+Enter عدة مرات حتى يتم عرض شريحة جديدة تلقائيًا.
٣- لإدراج شريحة جديدة باستخدام الفأرة	ضع المؤشر داخل العرض التقديمي الذي ترغب في إدراج شريحة جديدة داخله ثم انقر فوق أيقونة شريحة جديد.

تعديل تخطيط الشريحة

١- لتطبيق تخطيط شريحة مختلف على إحدى الشرائح

أ- قم بعرض الشريحة التي ترغب في تغيير تخطيطها.

ب- انقر بزر الفأرة الأيمن فوق الشريحة، وحدد أمر **تخطيط الشريحة** من القائمة المنبثقة التي تظهر، على النحو الآتي:

٤- يعمل هذا على عرض مربع حوار تخطيط الشريحة. حدد تخطيط الشريحة المطلوب ثم انقر فوق زر **تطبيق**. في المثال الموضح أدناه، تم تحديد تخطيط الشريحة **نص من عمودين**.

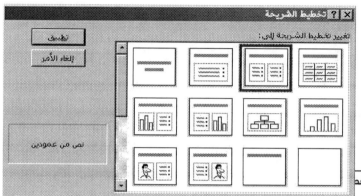

تخصـيص تخط
الشريحة

عندما تقوم بتحديد تخطيط تلقـائي قد ترغـب في تغيـير حجـم أو شـكل إطـار النص. قد ترغب أيضًا في نقل إطار النص، بحيث يمكنك،على سـبيل المثـال، أن تضـع صورة بشكل أكثر سهولة داخل الشريحة.

لتغيير حجم إطار النص

انقر مرة واحدة في إطار النص بحيث تظهر حوله حدود مظللة، لها مقابض في كل ركن وفي منتصف كل جانب من الجوانب. حرك مؤشر الفأرة إلى أحد أركان الإطار وستلاحظ أن شكل مؤشر الفأرة تغير من شكل سهم إلى خط مائل به رأس سهم في كلا الطرفين. عندما يتغير المؤشر إلى هذا الشـكل، اضـغط عـلى زر الفأرة الأيسر (واستمر في الضغط).وأثناء ذلك حرك مؤشر الفأرة وستتمكن من تغيير حجم إطار الـنص في اتجاهين (مثلا لأعـلى أو لأسـفل و يمينًـا أو يسـارًا). أتـرك زر الفـأرة عنـدما تصـل إلى الحجـم والشـكل المطلوبين.

لنقل مربع النص

انقر مرة واحدة فوق إطار النص بحيث تظهر حوله حدود مظللة، لها مقابض في كل ركن وفي منتصف كل جانب من الجوانب. حرك مؤشر الفأرة إلى أحد حدود الإطار (ولكن ليس إلى أي من المقابض الصغيرة السوداء اللون التي تسمح لك بتغيير حجمه وشكله) وستلاحظ أن شكل الفأرة تغير من شكل سهم عادي إلى شكل سهم متصل به شكل رباعي. عندما يتغير مؤشر الفأرة إلى هذا الشكل، اضغط على زر الفأرة (واستمر في الضغط عليه). حرك مؤشر الفأرة وستكون قادرًا على نقل إطار النص داخل الشريحة. أترك زر الفأرة عندما تنقل موضع التحرير والكتابة إلى الموضع المطلوب.

إضافة نص

إضافة نص	
إدراج عنوان ونص ذو تعداد نقطي	لإنشاء شريحة بها عنوان ومجموعة من الرموز النقطية اتبع الآتي: ١- انقر فوق إطار **انقر لإضافة عنوان** وأدرج عنوان الشريحة. انقر لإضافة عنوان ٢- انقر فوق إطار **انقر لإضافة نص** وأدخل النص الخاص بأول رمز نقطي. • انقر لإضافة نص
لإدراج سطر جديد ليس مسبوقا برمز نقطي	٣- اضغط على مفتاح Enter واكتب المعلومات التي تشكل النقطة الثانية.

٤- استمر في هذا حتى تنتهي من كتابة النص النقطي بأكمله (يفضل ألا تحتوي الشريحة على أكثر من ست نقاط).

٥- اضغط على مفتاحي Shift+Enter في نهاية السطر، بدلاً من الضغط على مفتاح Enter. فيعمل هذا على نقل المؤشر إلى السطر الآتي دون إضافة الرمز النقطي في بدايته.

ما المقصود بتخفيض وترقية الفقرات؟

يعني مصطلح "تخفيض فقرة" , إزاحة الفقرة إلى اليسار (أو اليمين وفق اتجاه الكتابة) بالنسبة للفقرة التي تسبقها, وذلك بإضافة مسافة في بدايتها (مسافة بادئة)، وفي نفس الوقت تغيير الرمز النقطي المستخدم, ويعني مصطلح " ترقية فقرة مخفضة" إزاحتها إلى اليمين (أو اليسار بعكس اتجاه الكتابة), وفي نفس الوقت تغيير الرمز النقطي المستخدم. استخدم الترقية والتخفيض مع الفقرات لتمييز النقاط الأساسية والفرعية داخل الشريحة.

لتخفيض النقاط باستخدام مفتاح Tab

١- اضغط على مفتاح Tab لإنشاء مستوى فرعي من النقاط، ثم أدخل النص المطلوب.

في كل مرة يتم فيها الضغط على مفتاح Tab يتم الانتقال إلى مستوى فرعي تالٍ.

شريحة بسيطة
• النقطة الأولى
– نقاط المستوى الثاني
• نقاط المستوى الثالث
– نقاط المستوى الرابع
» نقاط المستوى الخامس
• النقطة الثانية
• النقطة الثالثة

لترقيــة نقــاط المســـــتوى الفرعـــــــي باســــتخدام مفتاح Tab	اضغط على مفتاحي Shift+Tab لترقية نقاط المستوى الفرعي،وذلك قبل كتابة النص.

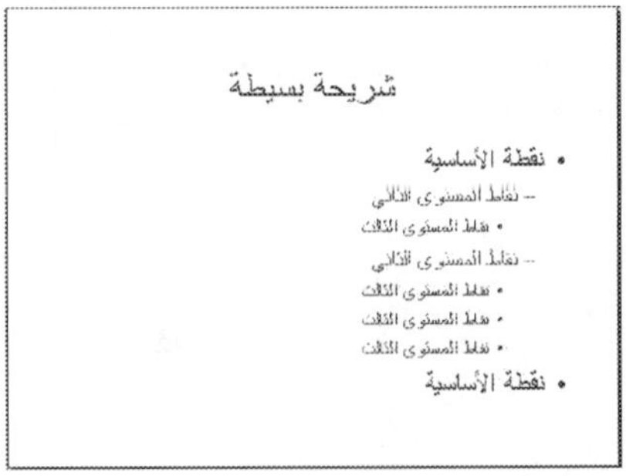

<table>
<tr><td style="text-align:center">شريحة بسيطة</td></tr>
<tr><td>• نقطة الأساسية
-- نقاط المستوى الثاني
• نقاط المستوى الثالث
-- نقاط المستوى الثاني
• نقاط المستوى الثالث
• نقاط المستوى الثالث
• نقاط المستوى الثالث
• نقطة الأساسية</td></tr>
</table>

لتخفيـــــــض النقــــــاط باســــتخدام أيقونة تخفيض	حدد الرمز الرموز النقطية واضبط المستويات باستخدام أيقونة **تخفيض** علـى شريط أدوات تنسيق.

لترقيـة النقـاط باســـتخدام أيقونة ترقية	١- حدد الرموز النقطية؛
	٢- واضبط المستويات باستخدام أيقونة **ترقية** من شريط أدوات تنسيق.

إضافة صورة من معرض الصور Clipart

لإضافة Clipart

١- انقر فوق أيقونة **إدراج** Clip Art، الموجودة في شريط أدوات **رسم**؛

ملاحظة: إذا لم يكن شريط أدوات رسم معروضا، انقر فوق قائمة **عرض** المنسدلة، واختر **أشرطة الأدوات**، ثم اختر **رسم** من القائمة المنبثقة.

قد ترى مربع حوار صغير يذكرك بأن هناك المزيد من القصاصات المتاحة في القرص المضغوط الخاص بتثبيت **Microsoft Office**. إذا رأيت هذا المربع، اضغط على **موافق** فيظهر مربع حوار يعرض مجموعة القصاصات المتاحة. حدد المجموعة التي تتطابق مع احتياجاتك، مثل: أكاديمي أو حيوانات. في الشاشة الآتية، تم تحديد مجموعة قصاصات **حيوانات**.

٢- تأكد من أن علامة تبويب **الصور** هي العلامة المعروضة واستخدم شريط التمرير لاستعراض جميع القصاصات المتاحة؛

٣- انقر فوق القصاصة التي ترغب في إدراجها. في المثال الموضح أدناه تم تحديد صورة **الضفدع**؛

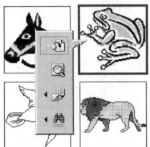

٤- حدد الأيقونة الأولى من القائمة المنبثقة (**إدراج قصاصة**) حيث يؤدي هذا الأمر إلى لصق القصاصة في العرض التقديمي. يمكنك الاستمرار في لصق بعض القصاصات الأخرى. وعند الانتهاء، أغلق مربع حوار Clipart.

للبحث عن القصاصات

٥- في جزء **البحث عن القصاصات** من مربع حوار Clipart، أدرج الكلمة المطلوبة ثم اضغط على مفتاح Enter. في المثال الموضح أدناه، كانت الكلمة المستخدمة هي **كمبيوتر**.

| لإدراج أصوات أو قصاصات متحركة | لاحظ أنه يمكنك أيضًا استخدام مربع حوار إدراج ClipArt لإدراج أصوات وقصاصات متحركة وليس فقط قصاصات ثابتة، ويمكن الوصول إلى هذه الأشياء (إذا كان أي منها مثبتًا على جهازك) عن طريق تحديد علامة التبويب المطلوبة في أعلى مربع الحوار. |

استخدام شريحة رئيسية

ما هي الشرائح الرئيسية وقوالب التصميم؟

الشرائح الرئيسية هي في الأساس قوالب تستخدم لإنشاء عرض تقديمي جديد. عندما تقوم بالنقر فوق قائمة ملف المنسدلة، ثم فوق أمر جديد يظهر مربع حوار عرض تقديمي جديد. افتراضيا تكون علامة تبويب عام هي المعروضة، وهي تحتوي على قالب افتراضي يسمى عرض تقديمي فارغ. ولكن إذا قمت باستكشاف علامات التبويب الأخرى مثل: قوالب التصميم وعروض تقديمية، سوف تجد بعض القوالب الأخرى. هذه القوالب محفوظة كملفات منفصلة، يتم إضافة الامتداد POT لاسم الملف. يمكنك استخدام القوالب المتاحة في بوربوينت أو إنشاء قوالب جديدة.

يبنى العرض التقديمي على قالب موجود، وافتراضيًا يكون هذا القالب هو العرض التقديمي الفارغ، وهذا القالب هو ما يحدد نوعية لون ورسومات الخلفية المستخدمة بالإضافة إلى تنسيق مواضع النصوص. كما يتم حفظ بعض المعلومات الإضافية مثل: نوع التعداد النقطي المستخدم داخل ملف القالب.

يحتوي ملف كل قالب على ما يسمى "شرائح رئيسية" والتي تحدد كيفية تنسيق العروض المختلفة، و يكون لديك الشريحة الأساسية، وشريحة العنوان الرئيسية، والنشرات الرئيسية، والملاحظات الرئيسية.

ويهدف استخدام الشريحة الرئيسية إلى مساعدتك في إضفاء شكل ثابت على جميع العروض التقديمية التي تقوم بإخراجها. ومع ذلك يمكنك تعديل الإعدادات الرئيسية بالنسبة للشريحة، كما يمكنك أيضًا تخصيص إعدادات الشريحة الرئيسية لاستخدامها مستقبلا عند إنشاء العروض التقديمية.

لوضع رسم في إحدى الشرائح الرئيسية

لتطبيق أحد قوالب التصميم على العرض التقديمي

١- اعرض عرضا تقديميا جاهزا باستخدام بوربوينت؛

٢- انقر فوق قائمة **عرض** المنسدلة واختر أمر **رئيس**؛

٣- من القائمة الفرعية التي تظهر، اختر أمر **الشريحة الرئيسية**، الذي سيقوم بعرض الشريحة الرئيسية المستخدمة في العرض التقديمي؛

٤- أدرج الرسم المطلوب في الشريحة؛

٥- **عدل وضع وحجم الرسم على النحو المطلوب. وللرجوع مرة أخرى إلى عرض الشريحة العادي انقر فوق أيقونة عرض عادي**، التي تظهر في الركن الأيمن السفلي من شاشة بوربوينت؛

٦- اعرض العرض التقديمي المطلوب؛

٧- انقر فوق قائمة تنسيق المنسدلة ثم حدد تطبيق قالب التصميم؛

٨- اختر أحد التصميمات من القائمة المعروضة ثم انقر فوق زر تطبيق.

إنشاء قالب

أسهل طريقة لإنشاء ملف قالب عرض تقديمي جديد هي تعديل ملف أحد القوالب المتاحة في بوربوينت ثم حفظه باسم جديد، ولإجراء ذلك اتبع ما يلي:

١- انقر فوق قائمة ملف المنسدلة واختر أمر جديد؛

٢- اختر علامة تبويب قوالب التصميم.اختر قالب تصميم مناسب لاستخدامه في إعداد قالب العرض التقديمي الخاص بك، ثم انقر فوق زر موافق لإنشاء عرض تقديمي جديد مبني على هذا القالب المحدد؛

٣- انتقل إلى عرض الشريحة الرئيسية عن طريق النقر فوق قائمة عرض المنسدلة وتحديد أمر رئيس، ثم حدد أمر الشريحة الرئيسية من القائمة الفرعية التي تظهر.

يمكنك الآن تعديل الشريحة الرئيسية المستخدمة في العرض التقديمي.

يوضح المثال الآتي عرض الشريحة الرئيسية لعرض تقديمي تم إنشاؤه بالاعتماد على ملف قالب Company Meeting،الموجود داخل علامة تبويب عروض تقديمية في مربع حوار عرض تقديمي جديد.

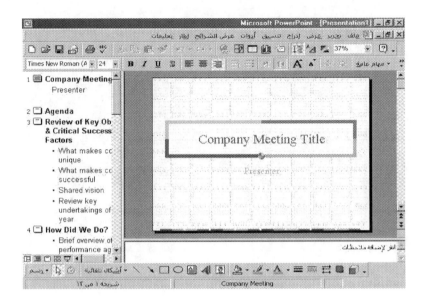

يمكنك استخدام أساليب "السحب والإفلات" المعتادة لنقل الكائنات عبر الصفحة.

يمكنك أيضًا تحديد العناصر، مثل إطار العنوان، واستخدام قائمة تنسيق المنسدلة لتنسيق النص الذي سيظهر فيه،وإضافة كائنات (عناصر) جديدة مثل رسومات Clip Art، وشعار الشركة وغيرها.

تذكر أنك قد تعمل في عرض تقديمي يحتوي على أكثر من شريحة، لذا يجب أن تقوم بتعديل الصفحات الأخرى في الملف بنفس الطريقة.

حفظ عرض تقديمي في شكل قالب

١- عندما تنتهي من التخصيص (تعديل قالب العرض التقديمي على النحو المطلوب)، انقر فوق قائمة ملف المنسدلة، واختر أمر حفظ باسم؛

٢- أدخل اسمًا يفضل أن يكون قصيرًا وذا دلاله في مربع اسم الملف؛

٣- في جزء حفظ الملف بنوعه، انقر فوق السهم المتجه إلى أسفل ثم اختر Design Template؛

٤-انقر فوق زر حفظ؛

٥-أغلق الملف.

لإنشاء عرض تقديمي بناءً على هذا القالب الجديد، انقر فوق قائمة **ملف** المنسدلة وحدد أمر جديد. سيتم عرض القالب الجديد، في العادة، في علامة تبويب عام من **مربع حوار** عرض تقديمي جديد.

نسخ ونقل وحذف النص

استخدم أداتي القص واللصق لنسخ النص داخل العرض التقديمي أو العروض التقديمية النشطة.

أساليب التحديد في بوربوينت

يمكنك التعامل مع الكائنات أو العناصر بكفاءة أعلى عن طريق تحديد جميع الكائنات المطلوبة، ثم تنفيذ الإجراء عليها في آن واحد فعلى سبيل المثال: إذا كنت ترغب في حذف ثلاث صور، فلماذا تقوم بتحديد كل صورة على حدة ثم حذفها؟ بينما يمكنك تحديد الصور الثلاثة مرة واحدة وحذفهما جميعًا في نفس الوقت.

لتحديد كائن واحد

١- ضع مؤشر الفأرة فوق أي جزء مرئي من الكائن (أحد الرسومات مثلاً)؛

٢- انقر فوق الكائن لتحديده.

لإلغاء تحديد الكائن

انقر فوق الكائن الذي تم تحديده مع الضغط في نفس الوقت، على مفتاح Shift.

لتحديد جزء من النص داخل إحدى الشرائح

انقر داخل النص الذي ترغب في تحديده. اسحب مؤشر الفأرة فوق النص (مع الضغط على زر الفأرة الأيسر) لتحديد الجزء المطلوب من النص.

لتحديد أكثر من كائن في نفس الوقت

١- انقر فوق أول كائن ترغب في تحديده؛

٢- اضغط على مفتاح Shift، وفي نفس الوقت، انقر فـوق الكـائن الآتـي الـذي ترغـب فـي تحديـده. حيـث يبقى الكائن الأول محددًا؛

٣- حدد جميع الكائنات المطلوبة بنفس الطريقة؛

ملاحظة: إذا ألغيت تحديد أحد الكائنات عن طريق النقر فوقه مع الضغط على مفتاح Shift، فلن يتأثر أي من الكائنات الأخرى المحددة.

لتحديد الكائنات باستخدام أيقونة تحديد كائنات

١- انقر فوق أيقونة تحديد كائنات من شريط أدوات رسم؛

٢- اسحب مربعًا حول الكائن أو الكائنات التي ترغب في تحديدها؛

٣- أترك زر الفأرة فيتم تحديد هذه الكائنات.

ملاحظة: تأكد من أن المربع يحيط بجميع الكائنات التي ترغب في تحديدها. إذا كان أحد هذه الكائنات محاطًا جزئيًا، فلن يشمله التحديد.

لتحديد كل الكائنات على الشريحة

اختر تحديد الكل من قائمة تحرير أو اضغط على مفتاحي Ctrl+A في آن واحد.

يتم تحديد كل شيء على الشريحة، بما في ذلك العناوين والرسومات والنصوص.

أية تغييرات تقوم بها سوف تؤثر على جميع الكائنات التي تم تحديدها على الشريحة.

للانتقال عبر جميع الكائنات داخل الشريحة

١-حدد أحد الكائنات؛

٢-استخدم مفتاح Tab للتنقل عبر جميع الكائنات على الشريحة، واستخدم Shift+Tab للتنقل داخل الشريحة بطريقة عكسية.

ما هي الحافظة ؟

الحافظة هي موضع من الذاكرة يمكنك فيه تخزين نص أو رسومات.

تستخدم الحافظة لتخزين البيانات مؤقتًا في أثناء نقلها بين المستندات أو التطبيقات، أو من مكان إلى آخر في نفس المستند. إذا قمت بقص، أو نسخ نص، أو رسومات، أو كائنات أخرى، فإنها تبقى مخزنة بشكل مؤقت في الحافظة وجاهزة للاستخدام في مكان آخر.

أمر نسخ عندما تقوم باستخدام أمر نسخ يتم استخدام الحافظة لتخزين نسخة من النص، أو الرسومات المحددة دون إزالتها من المستند. وهذا يمكنك من لصق نسخة من النص أو الصور من الحافظة إلى موقع آخر في نفس المستند أو إلى مستند آخر أو إلى برنامج آخر من برامج ويندوز.

لنسخ نص أو رسومات أو كائنات أخرى إلى الحافظة

١- حدد الكائنات التي ترغب في نسخها إلى الحافظة؛

٢- **اختر أمر نسخ من قائمة تحرير.**

أو اضغط على مفتاحي Ctrl+C في وقت واحد، لنسخ الكائن أو الكائنات إلى الحافظة دون أن تحذفه من المستند.

أو يمكنك أيضًا استخدام أيقونة نسخ من شريط أدوات قياسي.

ملاحظة: مع ظهور مايكروسوفت أوفيس ٢٠٠٠ أصبح من الممكن تخزين أكثر من كائن واحد في الحافظة في نفس الوقت، إلا أن هذه الإمكانية متاحة فقط مع البرامج المتوافقة مع مايكروسوفت أوفيس ٢٠٠٠. والطبيعي أنه إذا قمت بنسخ كائن جديد إلى الحافظة، فإن الكائن الأسبق سوف يلغى منها.

لنسخ عدد من الكائنات إلى الحافظة	أصبح بإمكانك منذ طرح مايكروسوفت أوفيس ٢٠٠٠ تخزين عدد يصل إلى ١٢ كائنًا في الحافظة، وعندما تقوم بحفظ ١٢ كائنًا سوف ترى رسالة مشابهة للرسالة الموضحة أدناه. لنسخ عدد من الكائنات، حدد كل كائن (واحدا في كل مرة) ثم انسخه إلى الحافظة. 
لرؤية شريط أدوات الحافظة (في أوفيس ٢٠٠٠)	١- إذا لم يكن شريط الأدوات معروضًا، يمكنك عرضه عن طريق النقر فوق قائمة **عرض** المنسدلة، واختيار **أشرطة الأدوات** ثم تحديد **الحافظة**. يحتوي شريط الأدوات هذا على أيقونات تشمل **نسخ** و **لصق الكل ومسح الحافظة**. 
أمر لصق	يمكنك هذا الأمر من إدراج محتويات الحافظة في موقع آخر من المستند الحالي، أو في مستند آخر، ضمن بوربوينت أو ضمن برنامج ويندوز آخر.

للصق البيانات من الحافظة	١- حدد النص الذي ترغب في نسخه أو قصه؛ ٢- استخدم أمر **قص** أو **نسخ** لنقل البيانات إلى الحافظة؛ ٣- ضع، بعد ذلك، نقطة الإدراج في المكان المناسب من المستند الحالي (أو في مستند مختلف أو حتى في برنامج ويندوز مختلف)؛ ٤- من قائمة **تحرير**، اختر أمر **لصق**. أو اضغط على مفتاحي Ctrl+V. أو يمكنك أيضًا لصق الكائنات باستخدام زر **لصق** الموجود على شريط الأدوات. تظهر محتويات الحافظة في المستند. 
لصق كائنات متعددة من الحافظة (في أوفيس ٢٠٠٠ وما بعده)	إذا لم يكن شريط أدوات الحافظة معروضًا، فيمكنك عرضه عن طريق النقر فوق قائمة عرض المنسدلة، وتحديد أشرطة الأدوات، ثم تحديد الحافظة. يحتوي شريط الأدوات هذا على أيقونات نسخ ولصق الكل ومسح الحا 🖫 بالإضافة إلى أيقونات تمثل الكائنات المحفوظة. إذا قمت بتحريك الفأرة فوق إحدى هذه الأيقونات، فسوف ترى الأحرف الخمسين الأولى من النص إذا كان الكائن نصا، أما إذا كان الكائن صورة، فإن الصور سوف يتم تسميتها وتمييزها وفق الترتيب الذي تم به نسخها إلى الحافظة. للصق أحد العناصر، قم ببساطة بالنقر فوق الأيقونة المناسبة على شريط أدوات الحافظة.

للنسخ باستخدام السحب والإفلات، دون وضع النص في الحافظة	١-حدد النص الذي ترغب في نسخه ثم ضع مؤشر الفأرة في أي مكان فوق النص المحدد. اضغط على مفتاح **Ctrl** مع الضغط على الزر الأيسر للفأرة. لاحظ أن مؤشر الفأرة يتغير إلى سهم مع نقطة إدراج منطقة داخل مربع؛ **٢**-اسحب مؤشر الفأرة إلى الموضع الجديد، ثم أترك زر الفأرة، ومفتاح **Ctrl** لنسخ النص إلى الموقع الجديد.

استخدام أداتي القص واللصق لنقل النص داخل العرض التقديمي أو العروض التقديمية النشطة

أمر قص

يسمح لك أمر قص بإزالة نص أو رسومات أو جداول أو كائنات أخرى من أحد المستندات وتخزينها في الحافظة. ويمكن بعد ذلك لصق هذا الكائن من الحافظة في موقع آخر في المستند، أو في مستند آخر أو في برنامج ويندوز آخر. تذكر أنه على خلاف أمر نسخ، يعمل أمر قص على إزالة (حذف) الكائن المحدد من المستند، ويمكنك استعادة هذا الكائن عن طريق استخدام أمر تراجع.

لقص كائنات محددة من المستند

١- حدد الكائنات التي ترغب في قصها؛

٢- من قائمة **تحرير** اختر **قص**،أو اضغط على مفتاحي **Ctrl+X** في وقت واحد لقص الكائن من المستند ووضعه في الحافظة،أو يمكنك قص الكائنات عن طريق النقر فوق زر **قص** من شريط الأدوات القياسي.

| | لنقل نص باستخدام السحب والإفلات دون وضع الكائن في الحافظة | ١- حدد النص الذي ترغب في نقله. ضع مؤشر الفأرة في أي مكان فوق النص المحدد واضغط على الزر الأيسر للفأرة. لاحظ أن مؤشر الفأرة يتغير إلى سهم متصل رأسه بنقطة إدراج منقطة ونهايته داخل مربع؛ |
| | | ٢- اسحب مؤشر الفأرة إلى الموضع الجديد. الذي تريد نقل النص إليه ثم أترك زر الفأرة. |

حذف النص المحدد

| لحذف نص تم تحديده | حدد الكائنات التي تريد حذفها ثم اضغط على مفتاح Delete. |

نسخ ونقل وحذف الصور

استخدام أداتي النسخ واللصق لتكرار الصور داخل العرض التقديمي أو العروض التقديمية النشطة

نسخ وقص وحذف الصور	يمكنك نسخ ونقل وحذف الصور بنفس الطريقة التي تستخدمها عند التعامل مع النصوص تقريبا، حيث يمكنك استخدام أساليب السحب والإفلات أو الحافظة، بالإضافة إلى أوامر القص والنسخ واللصق.
لنسخ ولصق إحدى الصور	١-حدد الصورة التي ترغب في نسخها إلى الحافظة؛
	٢-ثم حدد أمر نسخ من قائمة تحرير أو اضغط على مفتاحي Ctrl+C معًا لنسخ الصورة إلى الحافظة دون نقلها من الشريحة، أو أنقر فوق أيقونة نسخ على شريط أدوات قياسي؛
	٣-بعد تخزين الصورة في الحافظة، ضع نقطة الإدراج داخل الشريحة في الموضع الذي ترغب في لصق الصورة عنده. ثم انقر فوق أيقونة لصق.

استخدام أداتي القص واللصق لنقل صورة داخل العرض التقديمي أو العروض التقديمية النشطة

لقص ولصق إحدى الصور

١- حدد الصورة التي ترغب في قصها إلى الحافظة؛

٢- ثم حدد أمر **قص** من قائمة **تحرير**. ✂

أو اضغط على مفتاحي Ctrl+X في وقت واحد لنقل الصورة إلى الحافظة.

أو يمكنك أيضًا استخدام أيقونة **قص** من شريط الأدوات **قياسي**. بعد تخزين الصورة في الحافظة، ضع نقطة الإدراج داخل الشريحة، وفي الموضع الذي ترغب في لصق الصورة فيه. ثم انقر فوق أيقونة **لصق**. 📋

حذف الصور
انقر فوق الصورة التي ترغب في حذفها ثم اضغط على مفتاح Delete.

نسخ ونقل وحذف الشرائح

يمكنك نسخ ونقل وحذف الشرائح بالطريقة نفسها تقريبًا التي تستخدمها في التعامل مع صور أو نصوص تم تحديدها. ويمكن تنفيذ ذلك بسهولة اكبر عند عرض الشرائح باستخدام نمط **فرز الشرائح**.

لتكرار إحدى الشرائح باستخدام القوائم المنسدلة

١- استخدم **عرض شريحة** لعرض الشريحة التي ترغب في تكرارها في بوربوينت؛

٢- انقر فوق قائمة **إدراج** المنسدلة، وحدد أمر **شريحة مكررة**.

لتكرار شريحة باستخدام النسخ واللصق

١-استخدم عرض فارز الشرائح لاستعراض العرض التقديمي؛

عرض	إدراج	تنسيق	أدوات	عرض الشرائح
	🔲 شريحة جديدة...	Ctrl+M		
	شريحة مكررة			

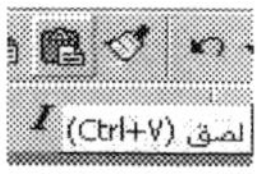

٢-حدد الشريحة التي ترغب في تكرارها؛

٣-انقر فوق أيقونة **نسخ** الموجودة في شريط الأدوات القياسي، والتي ستقوم بنسخ الشريحة إلى الحافظة؛

٤-انقر في الموقع الذي ترغب في لصق نسخة من الشريحة فيه ثم انقر فوق أيقونة **لصق** لإدراج نسخة من الشريحة.

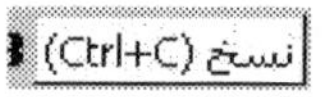

لنسخ شريحة باستخدام أساليب السحب والإفلات

١-استخدم عرض فارز الشرائح لاستعراض العرض التقديمي؛

٢-حدد الشريحة التي ترغب في تكرارها؛

٣-اضغط على مفتاح Ctrl واستمر في الضغط عليه؛

٤-اسحب مؤشر الفأرة، داخل العرض التقديمي، إلى الموضع الذي ترغب في وضع نسخة الشريحة فيه؛

٥-أترك زر الفأرة ثم حرر مفتاح Ctrl.

استخدام أداتي القص واللصق في نقل شريحة داخل العرض التقديمي أو العروض التقديمية النشطة

لنقل شريحة باستخدام القص واللصق

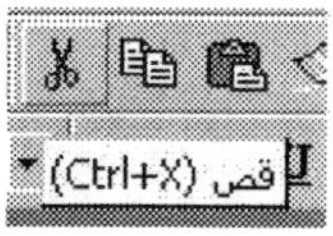

١-استخدم عرض فارز الشرائح لاستعراض العرض التقديمي؛

٢-حدد الشريحة التي ترغب في نقلها؛

٣-انقر فوق أيقونة **قص** الموجودة في شريط الأدوات القياسي، والتي ستقوم بنقل الشريحة إلى الحافظة؛

٤-انقـر فوق الموقع الذي ترغب في لصق الشريحة فيه ثم انقـر فـوق أيقونـة **لصـق** لإدراج الشـريحة مـن الحافظة.

```
‌‌  I  (Ctrl+V) لصق
```

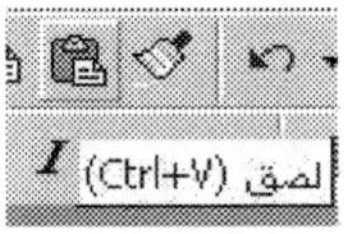

لنقل الشريحة باستخدام أساليب السحب والإفلات

١-استخدام عرض **فارز الشرائح** لاستعراض العرض التقديمي؛

٢-حدد الشريحة التي ترغب في نقلها؛

٣- اسحب مؤشر الفأرة، داخل العرض التقديمي، إلى الموضع الذي ترغب في نقل الشريحة إليه.

إعادة ترتيب الشرائح داخل العرض التقديمي	
لإعادة ترتيب الشرائح داخل أحد العروض التقديمية	١-استخدم عرض **فارز الشرائح** لاستعراض العرض التقديمي؛ ٢-حدد الشريحة التي ترغب في نقلها؛ ٣-استخدم الفأرة في سحب وإفلات الشريحة إلى الموضع الجديد.

حذف شريحة أو عدة شرائح داخل العرض التقديمي	
لحذف شريحة واحدة	١- استخدم عرض **فارز الشرائح** لاستعراض العرض التقديمي؛ ٢- حدد الشريحة التي ترغب في حذفها؛ ٣- اضغط على مفتاح Delete على لوحة المفاتيح.
لحذف عدد من الشرائح (في خطوة واحدة)	١- استخدم عرض **فارز الشرائح** لاستعراض العرض التقديمي؛ ٢- انقر فوق الشريحة الأولى التي ترغب في تحديدها؛ ٣- اضغط على مفتاح Ctrl واستمر في الضغط عليه؛ ٤- انقر فوق الشرائح الأخرى التي ترغب في تحديدها وحذفها؛ ٥- حرر مفتاح Ctrl ثم اضغط على مفتاح Del.

التنسيق

تنسيق النص - تغيير نوع الخط

لتغيير نوع الخط المستخدم في النص	١- حدد النص الذي ترغب في تغيير نوع خطه، و انقر فوق السهم المتجه إلى أسفل بجوار مربع **الخط** في شريط أدوات تنسيق؛ ٢-حدد الخط الجديد من القائمة المنسدلة. 
لتغيير الخط خلال أحد العروض التقديمية	١- من قائمة **تنسيق** المنسدلة، حدد أمر **استبدال الخط**. **ملاحظة:** يعد هذا الخيار مفيدا للغاية عندما تتلقى ملف عرض تقديمي من شخص آخر قام باستخدام نوع خط غير مثبت على جهازك.

لتضمين خطوط تروتايب (TRUE TYPE)	إذا كنت تقوم بإنشاء عرض تقديمي وتنوي استخدام خطوط قد لا تكون متاحة على جهاز الشخص الذي تقوم بإرسال الملفات إليه، يمكنك عندئذ استخدام خيار **تضمين خطوط تروتايب** من مربع حوار **حفظ** وللقيام بذلك، انقر فوق قائمة **أدوات** المنسدلة في مربع حوار **حفظ باسم**، ثم حدد أمر **تضمين خطوط تروتايب**.

لتغيير حجم الخط	١- حدد النص الذي ترغب في تغيير حجم خطه، أو ضع نقطة الإدراج في الموضع الذي ترغب في إدراج النص فيه؛
	٢- أدخل حجم الخط المطلوب في حقل حجم الخط الموجود في شريط أدوات تنسيق.

ملاحظة: يمكنك استخدام زري **تكبير حجم الخط وتصغير حجم الخط** الموجودين في شريط أدوات تنسيق.

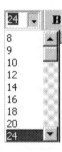

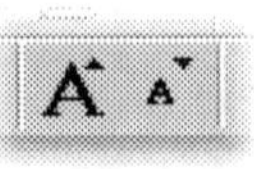

	تطبيق أنماط الخط المائل والأسود العريض ونمط التسطير وتغيير حالة الأحرف في النص
لتنسيق النص باستخدام الخط الأسود العريض أو المائل أو التسطير	١- حدد النص الذي ترغب في تنسيقه؛ ٢- يمكنك تغيير نمط الخط عن طريق النقر فوق أيقونات أسود عريض ومائل وتسطير وظل النص على شريط أدوات تنسيق.

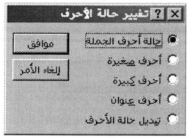

لتغيير حالة أحرف النص اللاتيني	١- حدد النص الذي ترغب في تغيير حالة الأحرف له؛ ٢- انقر فوق قائمة تنسيق المنسدلة وحدد أمر تغيير حالة الأحرف؛ ٣- من مربع الحوار الذي يظهر، حدد الخيار المطلوب ثم انقر فوق زر موافق لتطبيق تنسيق حالة الأحرف.

تغيير حالة الأحرف

موافق — حالة أحرف الجملة
إلغاء الأمر — أحرف صغيرة
— أحرف كبيرة
— أحرف عنوان
— تبديل حالة الأحرف

ملحوظة: يظهر تأثير لأمر حالة الأحرف على النصوص اللاتينية.

تطبيق ظل للنص واستخدام الخط المرتفع والمنخفض

لإضافة تأثير ظل للنص

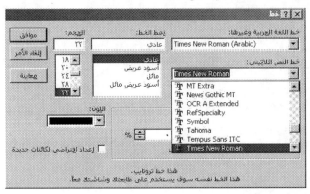

١- حدد النص الذي ترغب في إضافة تأثير ظل إليه؛

٢- انقر فوق أيقونة **ظل النص** في شريط أدوات تنسيق.

لإضافة تأثيرات تنسيق نص أخرى مثل الخط المرتفع

١- اختر **خط** من قائمة **تنسيق** لعرض مربع حوار خط؛

٢- يمكنك الاختيار من بين الخيارات الآتية في مربع **تأثيرات**:

تسطير	١- يضيف تسطيراً إلى النص
ظل	٢- يضيف ظلاً إلى النص
زخرفة	٣- يضيف زخرفة إلى النص
مرتفع	٤- يرفع النص بالنسبة إلى الخط الأساسي للنص
منخفض	٥- يخفض النص بالنسبة إلى الخط الأساسي للنص

انقر في مربع الاختيار المجاور للخيار المطلوب. وحدد **موافق**.

تغيير لون الخط

١- حدد النص الذي ترغب في تطبيق اللون الجديد عليه؛

٢- انقر فوق السهم المتجه إلى أسفل بجوار أيقونة **لون الخط** على شريط أدوات **رسم**؛

٣- حدد اللون المطلوب من المربع المنسدل الذي يظهر؛

٤- لرؤية المزيد من الألوان، انقر فوق أمر **ألوان خط إضافية**. وسوف يسمح لك هذا بتحديد المزيد من الألوان، أو تعريف الألوان الخاصة بك.

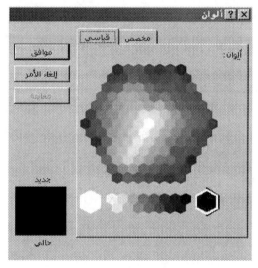

توسيط النص ومحاذاته إلى اليمين أو إلى اليسار أو لأعلى أو لأسفل

١- لتغيير محاذاة النص استخدم أيقونات المحاذاة في شريط الأدوات تنسيق.

اختر من بين الآتي:

محاذاة إلى اليسار

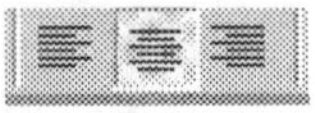

محاذاة إلى اليمين

التوسيط يتم محاذاة النص إلى الحد الأيسر لكائن النص.

يتم محاذاة النص إلى الحدين الأيمن لكائن النص (الافتراضي).

يتم توسيط النص أفقيًا بين الحدين الأيمن والأيسر لكائن النص.

١- لتغيير محاذاة إحدى الفقرات، حدد الفقرات التي ترغب في ضبطها؛

٢- حدد **محاذاة** من قائمة **تنسيق**. فيتم عرض قائمة فرعية تحتوي على خيارات متعددة؛

٣- حدد الخيار المطلوب؛

٤- توسيط النص من أعلى ومن أسفل افتراضيًا تقوم مربعات النص بالالتفاف وتغيير حجمها لتستوعب النص داخلها. إلا أنك إذا أردت ضبط التنسيق لمحاذاة أي نص داخل

مربع النص كي يتم توسيطه رأسيًا، بمعنى بين الحد العلوي والسفلي لمربع النص، اتبع ما يلي لأداء هذا الأمر:

١- انقر فوق مربع النص الذي ترغب في تحديده؛

٢- انقر بزر الفأرة الأيمن فوق مربع النص واختر أمر **تنسيق مربع نص** من القائمة المنبثقة؛

٣- يعمل هذا على عرض مربع حوار تنسيق مربع نص. حدد فيه علامة تبويب **مربع نص**؛

٤- من جزء **نقطة ارتقاء النص** في مربع الحوار، استخدم السهم المتجه إلى أسفل لتحديد **توسيط في المنتصف**.

ضبط تباعد الأسطر

تغيير تباعد الأسطر والفقرات

يشير تباعد الأسطر إلى مقدار المسافة بين سطور النص أو بين الفقرات. قد ترغب في تعديل تباعد الأسطر لتجعل النص أسهل في القراءة، أو لوضع النص على شريحة واحدة، ويمكن تحديد التباعد بالأسطر أو بالنقاط.

١- لتغيير تباعد الأسطر، ثم حدد النص أو الفقرات التي ترغب في تعديل التباعد بين أسطرها. ثم حدد **تباعد الأسطر** من قائمة **تنسيق** لعرض مربع حوار **تباعد الأسطر**؛

٢- لتعديل تباعد الأسطر، استخدم الأسهم المتجهة لأعلى ولأسفل في مربع **تباعد الأسطر** لتغيير القيمة، ويمكنك تحديد الكيفية التي ترغب في تعديل التباعد على أساسها عن طريق اختيار **الأسطر** أو **نقاط** من القائمة المنسدلة الموجودة في الجانب الأيمن من مربع **تباعد الأسطر**؛

٣- لتعديل تباعد الفقرات، استخدم الأسهم المتجهة إلى أعلى وإلى أسفل في مربعي **قبل الفقرة وبعد الفقرة** لضبط القيمة. وحدد الكيفية ترغب في تعديل التباعد على أساسها عن طريق اختيار **الأسطر** أو **نقاط** من القائمة المنسدلة الموجودة في الجانب الأيمن من مربع الضبط؛

٤- حدد **معاينة** لرؤية تأثير تباعد الأسطر الجديد على النص. حدد **موافق** لقبول قيم تباعد الأسطر الجديدة.

تغيير نوع التعداد النقطي والرقمي في قائمة

١- لإضافة تعداد نقطي باستخدام أشرطة الأدوات حدد النص الذي ترغب في إضافة التعداد النقطي إليه؛

٢- انقر فوق أيقونة ت

٣- لإزالة التعداد النقطي ![icon] حدد النص ذي التعداد النقطي؛

٤- انقر فوق أيقونة **التعداد النقطي** من شريط أدوات **تنسيق**. فيتم حذف رموز التعداد النقطي مـن النص؛

٥- لاختيار نوع مختلف من التعداد النقطي حدد النص الذي ترغب في إضافة التعداد النقطي إليه؛

٦- حدد **تعداد نقطي وتعداد رقمي** من قائمة **تنسيق** لعرض مربع حوار **تعداد نقطي وتعداد رقمي**؛

٧- تأكد من تحديد علامة تبويب **تعداد نقطي** وحدد التعداد النقطي المطلوب ثم انقر فوق زر **موافق**؛

٨- لاختيار تنسيق مختلف للتعداد الرقمي حدد النص الذي ترغب في إضافة التعداد الرقمي إليه؛

٩- حدد **تعداد نقطي وتعداد رقمي** من قائمة **تنسيق** لعرض مربع حوار **تعداد نقطي وتعداد رقمي**؛

١٠- تأكد من تحديد علامة تبويب **تعداد رقمي** وحدد التعداد الرقمي المطلوب ثم انقر فوق زر **موافق**.

تعديل مربعات النصوص

تغيير حجم مربعات النصوص ونقلها داخل إحدى الشرائح

١- لإدراج مربع نص يمكنك إدراج مربع نص جديد باستخدام أيقونة **مربع نص**. توجد هذه الأيقونة على شريط أدوات **رسم**؛

٢- لعرض شريط أدوات رسم، انقر بزر الفأرة الأيمن فوق أي شريط أدوات معروض، واختر **رسم** من القائمة المنبثقة؛

٣- لتغيير حجم أحد مربعات النصوص أولاً، انقر مرة واحدة داخل مربع النص لتحديده، وسيظهر النص على النحو الموضح فيما يلي:

الميزة التنافسية للشركة

٤- أنقر فوق أي من المقابض (المربعات الصغيرة الموجودة في كل ركن من الأركان وفي منتصف كل حد) واسحبها لتغيير حجم مربع النص.

لنقل أحد مربعات النصوص انقر مرة واحدة داخل مربع النص لتحديده؛

٥- حرك مؤشر الفأرة نحو أية حافة من حواف مربع النص المحدد (وليس أحد المقابض)؛

٦- استخدم السحب والإفلات لنقل مربع النص للمكان المطلوب.

ضبط حجم ولون ونمط الخط في مربع النص

١- لتنسيق ألوان وأنماط الخطوط في مربع النص انقر مرة واحدة فوق مربع النص لتحديده؛

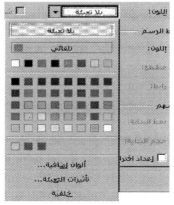

٢- انقل مؤشر الفأرة إلى حافة مربع النص الذي تم تحديده؛

٣- انقر نقرًا مزدوجًا لعرض مربع الحوار تنسيق شكل تلقائي؛

٣- انقر فوق السهم المتجه إلى أسفل المجاور لجزء اللون في قسم **تعبئة** من مربع الحوار لتلوين خلفية النص؛

٥- انقر فوق السهم المتجه إلى أسفل المجاور لجزء **اللون** في قسم **خط الرسم** لتغيير لون الخط المستخدم في رسم حدود مربع النص؛

٦- استخدم جزء **النمط** وعرض **الخط** في قسم خط الرسم من مربع الحوار لتعيين نمط الخط وعرضه؛

٧- يمكنك ضبط نمط الخط باستخدام جزء النمط في مربع الحوار.

الرسوم والتخطيطات

الكائنات المرسومة

إضافة أنواع مختلفة من الخطوط إلى إحدى الشرائح

لعرض شريط أدوات رسم

انقر بزر الفأرة الأيمن فوق أي شريط أدوات معروض، واختر **رسم** من القائمة المنبثقة.

رسم أحد الخطوط

- حدد أيقونة خط من شريط أدوات **رسم**. فيتغير مؤشر الفأرة إلى شكل شعرتي التعامد (+) عندما يتحرك فوق الشريحة؛

- انقر في الموضع الذي ترغب أن يبدأ الخط منه واستمر في الضغط على زر الفأرة مع السحب. أترك زر الفأرة عندما تصل النقطة التي تريد أن ينتهي بها الخط. فيظهر خط بين نقطة البداية ونقطة النهاية؛

تلميح: لرسم خط مستقيم (أفقي تمامًا أو رأسي تمامًا)، اضغط على مفتاح Shift في أثناء السحب.

لإضافة أنواع مختلفة من الخطوط

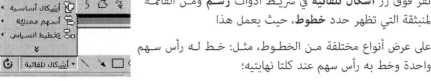

- انقر فوق زر **أشكال تلقائية** في شريط أدوات **رسم** ومن القائمة المنبثقة التي تظهر حدد **خطوط**، حيث يعمل هذا

  على عرض أنواع مختلفة من الخطوط، مثل: خط له رأس سهم واحدة وخط به رأس سهم عند كلتا نهايتيه؛

- انقـــر فـــوق الموقـــع الـــذي ترغـــب أن يبـــدأ منــه الخـــط وابـــدأ في الســـحب. اترك زر الفأرة عندما تصل النقطة التي تريد أن ينتهي بها الخط. فيظهر خط بين نقطة البداية ونقطة النهاية.

نقل الخطوط في إحدى الشرائح

لنقل كائن خط داخل إحدى الشرائح **أنقر** فوق الخط لتحديده، ثم اضغط على زر الفأرة، فوق الخط المحدد، وفي أثناء الضغط حرك مؤشر الفأرة لسحب الخط إلى الموضع الجديد. ثم أترك زر الفأرة.

تغيير لون الخط وتعديل عرض الخط

-لتغيير لـون الخـط وعـرض الخـط **ثم أنقر** فـوق الخـط لتحديده، ثم انقر فوقه نقرًا مزدوجًا لعـرض مربـع حـوار **تنسيق شكل تلقائي**؛

-انقر فوق السهم المتجه إلى أسفل في جزء **اللون** من مربع الحوار لعرض مجموعة من الألـوان التي يمكنـك الاختيـار من بينها.

-لتغيير عرض الخط والنمط

-أنقـر فـوق السـهم المتجـه إلى أسـفل الموجـود بجوار جزء **النمط** ثم اختر أحد الأنماط.

-يمكنك أيضًا استخدام جزء **عرض الخط** لتغيير سماكة الخط.

إضافة نماذج متنوعة من الأشكال والمربعات والدوائر وغيرها إلى إحدى الشرائح

لرسم المستطيلات والأشكال البيضاوية

١- حدد أيقونة **المستطيل** أو **الشكل البيضاوي** على شريط أدوات **رسم**. يتغير شكل مؤشر الفأرة إلى شكل شعرتي التعامد (+) عندما تقوم بتحريكه فوق الشريحة؛

٢- انقر فوق الموضع الذي تريد أن يبدأ فيه المستطيل أو الشكل البيضاوي وابدأ في السحب لرسم الكائن.

٣- عندما تنتهي أترك زر الفأرة.

ملاحظة: عند استخدام أي من أدوات الرسم الأساسية، يمكنك استخدام مفتاح Shift لضبط الشكل الذي ترسمه. على سبيل المثال: إذا كنت ترغب في رسم مربع باستخدام أداة **المستطيل**، اضغط على مفتاح Shift أثناء السحب لرسم الشكل، فيتم ضبط الشكل وتكون النتيجة رسم مربع.

لرسم أشكال حرة

تسمح لك أداة **خربشة** برسم أشكال حرة بنفسك.

١- انقر فوق زر **أشكال تلقائية** من شريط أدوات **رسم** لعرض قائمة **الأشكال التلقائية**؛

٢- حدد **خطوط** ثم انقر فوق أيقونة **خربشة**. يتحول مؤشر الفأرة إلى شكل قلم عندما يتحرك فوق الشريحة؛

٣- انقر فوق الموضع الذي ترغب أن يبدأ الرسم منه واسحب المؤشر لرسم الكائن؛

٣- عندما تنتهي أترك زر الفأرة.

ما هو الشكل التلقائي؟

الشكل التلقائي هو: شكل يمكن إنشاؤه تلقائيًا. وتتفاوت هذه الأشكال من خط بسيط إلى شكل مركب ثلاثي الأبعاد. ومتى تم إنشاء أي من هذه الأشكال يكون من السهل التعامل معه وتنسيقه.

لإضافة أحد الأشكال التلقائية

١- انقر فوق زر **أشكال تلقائية** من شريط أدوات **رسم** لعرض قائمة **أشكال تلقائية**. ثم حدد الشكل التلقائي الذي تريده؛

٢-ضع مؤشر الفأرة في المكان الذي تريد أن يبدأ الشكل منه، ثم اضغط على زر الفأرة الأيسر- واسحب لرسم الشكل التلقائي على الشريحة؛

٣-أترك زر الفأرة عندما يصبح الشكل بالحجم المطلوب؛

٤-إذا كنت ترغب في تعديل الشكل بعد ذلك، حدد الشكل ثم اسحب مقابض التعديل.

قوائم الأشكال التلقائية الخطوط

الروابط **أشكال أساسية** **تخطيط انسيابي**

روابط
أشكال أساسية

روابط
أشكال أساسية

روابط
أشكال أساسية

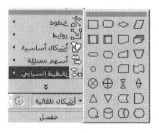

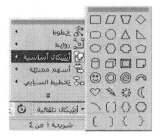

خطوط   أسهم ممتلئة   نجوم وشعارات

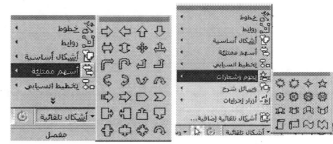

أزرار إجراءات   وسائل شرح

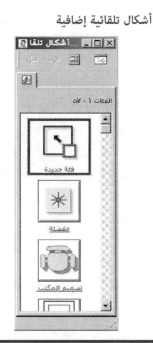

أشكال تلقائية إضافية

تدوير أو عكس كائن رسومي في إحدى الشرائح

لعمل استدارة حرة لأحد الكائنات

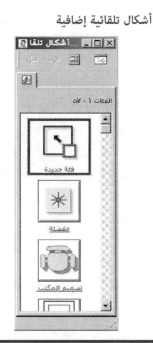

١- حدد الشكل الذي ترغب في عمل استدارة له؛

٢- انقر فوق أداة **استدارة حرة** والتي تسمح لك بتدوير كائن عن طريق السحب بالفأرة. ثم اسحب أحد مقابض الشكل.

ملاحظة: يمكنك أيضًا استخدام أمري **استدارة إلى اليسار** أو **استدارة إلى اليمين**، وللقيام بذلك انقر فوق زر **رسم** (على شريط أدوات **رسم**) ومن القائمة المنبثقة التي تظهر حدد أمر **استدارة أو انعكاس** والذي يعرض قائمة فرعية منبثقة، من هذه القائمة يمكنك اختيار الأمر الذي تريده مثل **استدارة إلى اليمين** أو **استدارة إلى اليسار**.

لعكس أحد الكائنات

١- حدد الشكل الذي ترغب في عكسه؛

٢- انقر فوق زر **رسم** (على شريط أدوات رسم) ومن القائمة المنبثقة التي تظهر حدد أمر **استدارة أو انعكاس**، والذي يعرض قائمة منبثقة، ومن هذه القائمة يمكنك اختيار الأمر الذي تريده مثل **انعكاس أفقي** أو **انعكاس عمودي**.

تغيير خصائص الشكل ولونه ونوع الخط

لتعديل خصائص الكائن الرسومي (الرسم)	١- حدد الكائن الرسومي مثل: أحد الخطوط أو المستطيلات، وانقر فوقه نقرًا مزدوجًا؛ ٢- استخدم مربع الحوار الذي يظهر لتنسيق الشكل.

إضافة ظل للشكل

لإضافة تأثير ظل على الشكل

١- حدد الشكل ثم انقر فوق أيقونة **ظل** من شريط أدوات رسم.

٢- حدد تأثير الظل المطلوب من القائمة المنبثقة.

يوضح الشكل الآتي أثر إضافة ظل إلى دائرة.

التخطيطات

إنشاء تخطيط هيكلي

لإنشاء شريحة تحتوي على تخطيط هيكلي

١- أدرج شريحة جديدة واختر المخطط التلقائي **تخطيط هيكلي:**

٢- انقر نقرًا مزدوجًا فوق الأيقونة داخل الشريحة التي تسمى **انقر نقرًا مزدوجًا لإضافة تخطيط هيكلي**، فيظهر مربع حوار Microsoft Organization Chart.

ملاحظة: قد ترى مربع حوار يخبرك أن هذه السمة لم يتم تثبيتها بعد، في هذه الحالة سيتعين عليك أن تقوم بتثبيتها.

لإدخال المعلومات إلى أحد مربعات التخطيط الهيكلي:أدخل البيانات في المربعات، فوق النص الموجود فيها، (وهو في هذه الحالة النص **Type name here**).

للتنقل بين مربعات التخطيط الهيكلي	انقر فوق المربع المطلوب باستخدام الفأرة، أو استخدم اختصارات لوحة المفاتيح الموضحة فيما يلي:
السهم المتجه لأسفل	ينقلك مربعًا واحدًا لأسفل إلى المستوى الآتي من المربعات (المرؤوسين).
السهم المتجه إلى اليسار	ينقلك مربعًا واحدً لليسار.
السهم المتجه إلى اليمين	ينقلك مربعًا واحدًا إلى اليمين.
السهم المتجه لأعلى	ينقلك مربعًا واحدًا لأعلى إلى المستوى السابق.

تعديل بناء التخطيط الهيكلي

لإضافة أو حذف مربعات إلى التخطيط يمكنك إضافة مربعات إلى التخطيط باستخدام شريط الأيقونات الموجود في أعلى الإطار.

١- انقر فوق الزر الذي يمثل المربع الذي تريد إضافته، بمعنى مرؤوس أو زميل أو خلافه؛

٢- انقر فوق المربع في التخطيط الذي ترغب في ربط المربع الجديد به. يتم إضافة المربع الجديد إلى التخطيط ويتم تحديده.

ملاحظة: إذا كنت ترغب في إضافة أكثر من مربع واحد في الوقت نفسه، انقر فوق الزر المناسب في شريط الأيقونات عدة مرات، ثم انقر فوق أحد المربعات الموجودة.

يمكنك حذف مربعات من التخطيط بإحدى **طريقتين:**

١-انقر فوق المربع الذي تريد حذفه، ثم اضغط على مفتاح DeleteP

٢-أو انقر فوق المربع لتحديده واختر Clear من قائمة Organization Chart Edit.

ملاحظة: إذا كنت ترغب في حذف أكثر من مربع واحد في المرة الواحدة. اضغط على مفتاح Shift أثناء النقر فوق المربعات لتحديدها ثم اضغط على مفتاح Delete.

لنقل المربعات في التخطيط

١- ضع مؤشر الفأرة في المربع الذي ترغب في نقله؛

٢-اضغط على زر الفأرة الأيسر اسحب المربع إلى الموضع الجديد. يتغير مؤشر الفأرة إلى سهم رباعي الرأس؛

٣- ضع المربع فوق مربع آخر في التخطيط، ويتغير شكل مؤشر الفأرة إلى إحدى الأشكال الآتية ليشير إلى المكان الذي سيتم فيه وضع المربع عندما تقوم بترك زر الفأرة.

سهم متجه إلى اليسار   يدل على أن المربع سوف يتم وضعه على يسار المربع الحالي.

سهم متجه إلى اليمين   يدل على أن المربع سوف يتم وضعه على يمين المربع الحالي.

شكل مربع تخطيط   يدل على أن المربع سوف يتم وضعه أسفل المربع الحالي كمرؤوس.

تنسيق مربعات التخطيط الهيكلي

١- انقر بزر الفأرة الأيمن فوق أي مربع، ثم حدد خيارات التنسيق اللازمة من القائمة المنبثقة؛

٢- يمكنك تحديد أكثر من مربع دفعةً واحدة عن طريق الضغط على مفتاح Shift أثناء النقر فوق المربعات المطلوبة، وعندما تقوم بتطبيق تنسيق معين فإنه سوف ينطبق على جميع المربعات المحددة؛

٣- يمكنك أيضًا استخدام القوائم المنسدلة التي تظهر مع مربع حوار Microsoft Organization Chart.

لإنشاء تخطيط عمودي

١-افتح عرضا تقديميا موجودا أو أنشئ عرضًا تقديميًا جديدًا؛

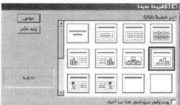

٢-انقر فوق قائمة **إدراج** وحدد **شريحة جديدة**؛

٣-حدد المخطط التلقائي **تخطيط** على النحو الموضح أدناه، ثم انقر فوق زر **موافق** يتم إدراج أيقونة في الشريحة على النحو الموضح أدناه.

انقر نقراً مزدوجاً لإضافة تخطيط

٤-النقر المزدوج فوق هذه الأيقونة سوف يعمل على إدراج تخطيط عمودي، باستخدام أمثلة للبيانات، على النحو الموضح أدناه. يمكنك، بعد ذلك، تعديل البيانات كما تشاء؛

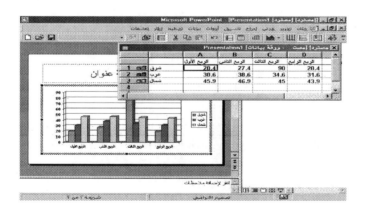

٥- لإتمام العملية، انقر فوق أيقونة **إغلاق** (الموجودة في الركن العلوي الأيمن من إطار ورقة البيانات).

لإنشاء تخطيط دائري

١-افتح أو أنشئ أحد العروض التقديمية؛

٢-انقر فوق قائمة إدراج المنسدلة واختر **شريحة جديدة**؛

٣- حدد المخطط التلقائي **تخطيط**، كما هو موضح، وانقر فوق زر **موافق**.

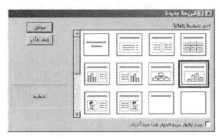

تخطيط

يتم إدراج أيقونة إلى الشريحة، على النحو الموضح هنا:

انقر نقراً مزدوجاً لإضافة تخطيط

النقر المزدوج فوق هذه الأيقونة سوف يؤدي إلى إدراج تخطيط اعمدة، باستخدام أمثلة للبيانات كما يتضح في الشكل الآتي: يمكنك بعد ذلك، تعديل البيانات كما تشاء.

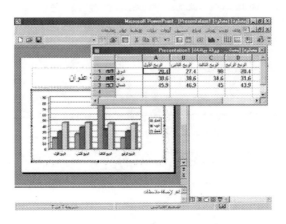

ملاحظة: عندما ترغب في إنشاء تخطيط دائري يجب أن تستخدم سلسلة واحدة من البيانات. فعلى سبيل المثال: من الورقة الموضحة أدناه، نجد ثلاث سلاسل من البيانات هي: شرق، وغرب، وشمال.

لاحظ أن هذه السلاسل قد تم تحديدها (تضمينها) تلقائيا لرسم المخطط.

مسترد] [ممت... - ورقة بيانات] Presentation1

		A	B	C	D
		الربع الأول	الربع الثاني	الربع الثالث	الربع الرابع
1	شرق	20.4	27.4	90	20.4
2	غرب	30.6	38.6	34.6	31.6
3	شمال	45.9	46.9	45	43.9
4					

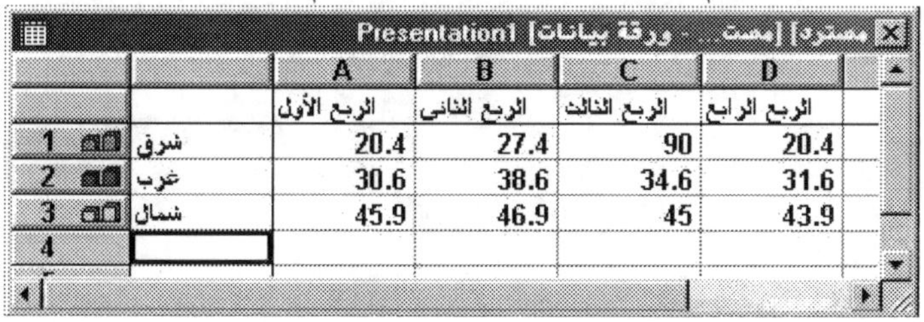

سوف نستخدم في هذه الحالة سلسلة البيانات **شرق**، وبالآتي نحتاج إلى إلغاء تحديد سلسلتي بيانات **غرب** و**شمال**. للقيام بذلك انقر نقرًا مزدوجًا فوق أرقام الأيقونات الموجودة بجوار كل من **غرب** و**شمال**، وذلك على النحو الموضح فيما يلي:

مسترد] [ممت... - ورقة بيانات] Presentation1

		A	B	C	D
		الربع الأول	الربع الثاني	الربع الثالث	الربع الرابع
1	شرق	20.4	27.4	90	20.4
2	غرب	30.6	38.6	34.6	31.6
3	شمال	45.9	46.9	45	43.9
4					

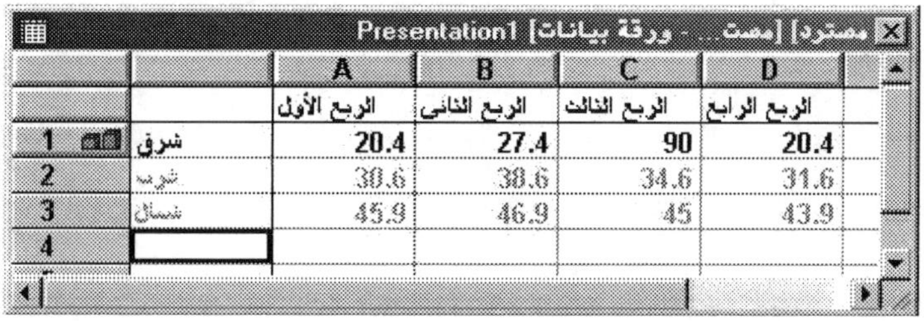

حيث نكون بذلك قد أبقينا على تحديد سلسة بيانات **شرق** فقط.

لإتمام العملية انقر فوق أيقونة **إغلاق** (الموجودة في الركن العلوي الأيمن من إطار ورقة البيانات).

لتحويل التخطيط من تخطيط عمودي إلى تخطيط دائري

١- انقر فوق قائمة **تخطيط** المنسدلة؛

٢- اختر أمر **نوع التخطيط**. فيؤدي هذا إلى عرض مربع الحوار **نوع التخطيط**؛

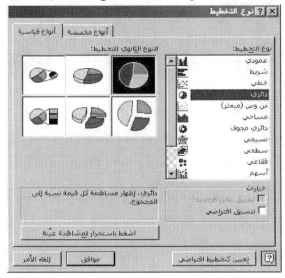

٣- حدد نوع التخطيط المطلوب (في هذه الحالة التخطيط تخطيط **دائري**)؛

٤- لاحظ أنه بإمكانك استخدام جزء **النوع الثانوي للتخطيط**، من مربع الحوار، لإدخال المزيد من التعديلات؛

٥- انقر فوق زر **موافق** لإنهاء العملية.

يتم عرض التخطيط الدائري على النحو الموضح فيما يلي:

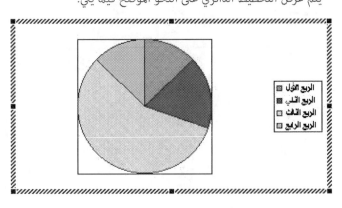

الصور والكائنات الأخرى

استيراد صور من ملفات أخرى

لاستيراد صورة من ملف

١- اعرض الشريحة التي تريد إدراج صورة داخلها؛

٢- انقر فوق قائمة **إدراج** المنسدلة، وحدد أمر **صورة**، ثم من القائمة الفرعية حدد **من ملف**.

غير المشغل أو المجلد ـ إذا كنت في حاجة إلى ذلك ـ ثم حدد ملف الصورة المطلوبة. يجب أن ترى معاينة للصورة المحددة داخل مربع الحوار؛

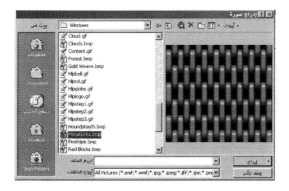

٤- بعد تحديد الملف الصحيح، انقر فوق زر **إدراج** وسوف يظهر ملف الصورة داخل الشريحة.

ملاحظة: إذا نقرت فوق السهم المتجه إلى أسفل في جزء **أنواع الملفات** مـن مربـع وار **إدراج صـورة**، سـوف ترى قائمة بكل أنواع الملفات التي يمكنك إدراجها في العرض التقديمي.

تغيير حجم الصورة ونقلها داخل إحدى الشرائح

- **لنقل صورة** حدد الصورة المطلوبة عن طريق النقر فوقها مرة واحدة.
- اضغط على زر الفأرة واسحب الصورة إلى الموضع الجديد داخل الشريحة.
- أترك زر الفأرة

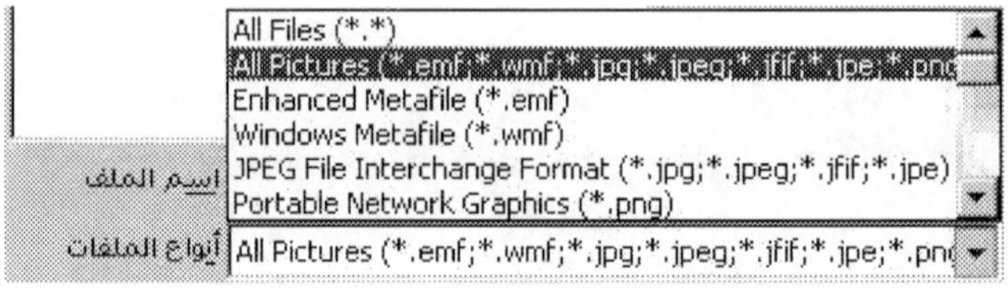

All Files (*.*)
All Pictures (*.emf;*.wmf;*.jpg;*.jpeg;*.jfif;*.jpe;*.png
Enhanced Metafile (*.emf)
Windows Metafile (*.wmf)
JPEG File Interchange Format (*.jpg;*.jpeg;*.jfif;*.jpe)
Portable Network Graphics (*.png)
اسم الملف
أنواع الملفات
All Pictures (*.emf;*.wmf;*.jpg;*.jpeg;*.jfif;*.jpe;*.png

١- **لتغيير حجم صورة** حدد الصورة المطلوبة عن طريق النقر فوقها مرة واحدة.

٢- حرك مؤشر الفأرة نحو أحد أركان الكائن المحدد (الصورة) حتى يتحول شكل المؤشر إلى سهم ثنائي الرأس من الطرفين مائل بزاوية ٤٥ درجة.

٣- اضغط على زر الفأرة مع السحب لتغيير حجم الصورة داخل الشريحة.

٤- أترك زر الفأرة.

استيراد كائنات أخرى: ملفات نص أو جدول إلكتروني أو جدول أو تخطيط أو رسم إلى إحدى الشرائح

ما ذا يعني استيراد كائنات أخرى؟ تعد إمكانية إدراج عدد كبير من الكائنات إلى الشرائح، من المزايا المفيدة جدا في برنامج بوربوينت. يمكن أن تكون هذه الكائنات صورا أو أصواتا أو مقاطع فيديو أو قصاصات أو تخطيطات أو حتى برامجا صغيرة كاملة.

ويمكنك استخدام الحافظة لإدراج الكائنات، أو يمكنك استخدام أمر **إدراج كائنات**.

١-**لاستيراد جدول إلكتروني باستخدام النسخ واللصق** أنشئ الجدول المطلوب باستخدام برنامج إكسيل للجداول الإلكترونية (تم تناول هذا البرنامج في الوحدة الرابعة).

٢- حدد البيانات التي أنشأتها عن طريق الضغط بزر الفأرة مع السحب عبرها.

٣- من قائمة **تحرير** المنسدلة، حدد أمر **نسخ** لنسخ البيانات إلى الحافظة.

٤- شغل بوربوينت وافتح عرض تقديمي موجود أو أنشئ عرضًا تقديميًا جديدًا.

٥- ضع نقطة الإدراج، في العرض التقديمي، في الموقع الذي تريد عرض بيانات الجدول الإلكتروني فيه.

٦- من قائمة **تحرير** المنسدلة، حدد أمر **لصق** للصق البيانات من الحافظة إلى المستند.

١- **لاستيراد جدول إلكتروني باستخدام إدراج/ كائن** ضع نقطة الإدراج في الموقع الذي ترغب في إدراج جدول إكسيل الإلكتروني فيه.

٢- من قائمة **إدراج** المنسدلة اختر أمر **كائن**.

٣- تصفح جزء **نوع الكائن** من مربع الحوار حتى تصل إلى **Microsoft Excel Worksheet** وحددها.

٤- تأكد من أن مربع اختيار **عرض كرمز** غير محدد.

٤- انقر فوق زر **موافق**. فيتم إدراج جدول إلكتروني على النحو الموضح في الشكل الآتي. وتحل أشرطة أدوات أكسل، بصفة مؤقتة، مكان أشرطة أدوات بوربوينت:

يمكنك إدخال البيانات واستخدام أش من إدراج جدول إليكتروني بهذه الطريقة هو أن كل سمات جداول إكسيل الإليكترونية المتقدمة تصبح متاحة في بوربوينت، وهذا يجنبك عناء إنشاء جدول إلكتروني في إكسيل ثم استخدام الحافظة لاستيراد البيانات إلى العرض التقديمي.

تبدو أشرطة أدوات بوربوينت العادية على النحو الآتي:

وعندما تقوم بإدراج أو تحرير البيانات في جدول إكسيل الإليكتروني المدرج تتغير أشرطة الأدوات لتبدو كما يلي:

عندما تقوم بالنقر خارج الجدول الإليكتروني، في أحد أجزاء العرض التقديمي، تعود أشرطة أدوات بوربوينت العادية إلى الظهور مرة أخرى.

وإذا قمت بالنقر المزدوج فوق الجدول الإلكتروني، فسوف تظهر أشرطة أدوات إكسيل ثانية. تسمى التكنولوجيا المستخدمة هنا والتي تؤدي كل هذا بتكنولوجيا **"ربط الكائن وتضمينه"**. وفي هذه الحالة تكون قد قمت بتضمين كائن من إكسيل في مستند بوربوينت.

١- **لاستيراد جدول** اعرض الشريحة التي ترغب في إدراج الجدول فيها.

٢- انقر فوق قائمة **إدراج** المنسدلة ثم اختر أمر **جدول**. حيث يعمل هـذا عـلى عـرض مربـع حـوار **إدراج جدول**، على النحو الموضح في الشكل الآتي:

٣- استخدم مربع الحوار لضبط أعداد الأعمدة والصفوف المطلوبة، ثم انقر فوق زر **موافق**.

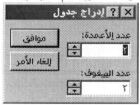

١- **لاستيراد تخطيط**   اعرض الشريحة التي ترغب في إدراج التخطيط فيها.

٢- انقر فوق قائمة **إدراج** المنسدلة ثم اختر أمر **تخطيط**. فتتغير الشاشة على النحو الموضح فيما يلي:

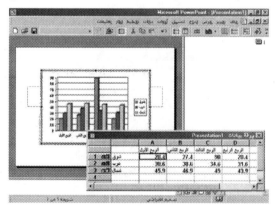

٣- يمكنك إدخال البيانات في الجدول الإلكتروني المعروض على الشاشة، وعندما تنتهي من ذلك، انقر فوق أيقونة الإغلاق الموجودة في الركن العلوي الأيمن من الجدول الإلكتروني.لاستيراد ملف رسومات اعرض الشريحة التي ترغب في إدراج الرسم فيها.

٤- انقر فوق قائمة **إدراج** المنسدلة ثم اختر أمر **صورة**.

٥- من القائمة الفرعية التي تظهر اختر **من ملف**، كما هو موضح في الشكل الآتي:

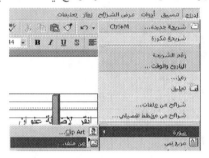

٦- حدد الملف الذي ترغب في إدراجه (قد تحتاج إلى استخدام جزء **بحث في** من مربع الحوار للبحث عن المجلد الذي يحتوي على ملفات رسوماتك).

٧- بعد تحديد الملف المطلوب، انقر فوق زر **إدراج** لإدراج الرسم.

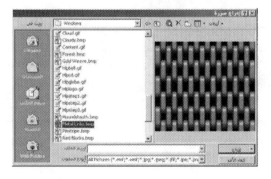

نسخ كائن تم استيراده إلى شريحة رئيسية

وضع كائن في شريحة رئيسية إذا قمت بوضع أحد الكائنات على شريحة، فإن هذا الكائن يظهر فقط في هذه الشريحة. أما إذا كنت تريد عرض كائن ما في كل شريحة من شرائح العرض التقديمي، فيمكنك إدراج فقط في الشريحة الرئيسية الخاصة بهذا العرض التقديمي وسوف تظهر جميع شرائح العرض التقديمي تلقائيا.

تذكر أن الشرائح الرئيسية تستخدم كقوالب للعروض التقديمية.

١- للانتقال إلى عرض الشريحة الرئيسية، انقر فوق قائمة **عرض** المنسدلة، واختر "رئيسي-" ثم من القائمة الفرعية اختر **الشريحة الرئيسية**. (أو يمكنك استخدام الطريقة السريعة عن طريق الضغط على مفتاح Shift والنقر فوق أيقونة **عرض شريحة** الموجودة في الركن الأيمن السفلي من الشاشة).

سوف ترى الآن الشرائح معروضة في عرض الشريحة الرئيسية.

٣- ضع الكائن الذي تريده في هذه الشريحة (باستخدام أسلوب النسخ واللصق أو أسلوب إدراج/كائن). واضبطه على النحو المطلوب؛

٣- للرجوع مرة أخرى إلى نمط العرض **عادي**، انقر فوق أيقونة **عرض شريحة** الموجودة في الركن الأيسرـ السفلي من الشاشة. إذا قمت، بعد ذلك، بفحص الشرائح الأخرى داخل العرض التقديمي، فسوف ترى هذا الكائن معروضًا على كل شريحة. وكذلك إذا قمت بإنشاء شريحة جديدة، فسوف ترى الكائن على الشريحة الجديدة.

(تذكر أن إنشاء هذه الشريحة قد تم باستخدام قالب الشريحة الرئيسية)

إضافة حدود إلى الكائن

١- انقر بزر الفأرة الأيمن فوق الكائن المطلوب (إحدى الصور مثلاً)،من القائمة المنبثقة التي تظهر اختر أمر **تنسيق صورة**، فيتم عرض مربع حوار تنسيق صورة.

ملاحظة: إذا لم يكن الكائن صورة، سوف ترى أمرًا يسمح لك بتنسيقه مهما كان نوع الكائن الذي أدرجته في الشريحة.

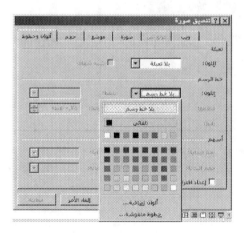

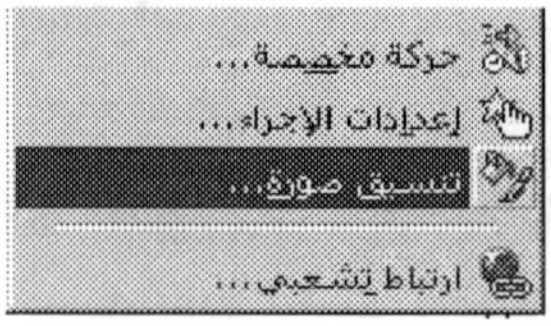

٢- من مربع حوار **تنسيق صورة**، حدد علامة تبويب **ألوان وخطوط**. انقر فوق السهم المتجه إلى أسفل بجوار جزء **اللون** من قسم **خط الرسم**، لاختيار لون خط رسم الحد.

٣- يمكنك استخدام الأجزاء الأخرى من مربع الحوار وهي **متقطع** و**نمط** و**عرض الخط** لتنسيق هـذا الخط.

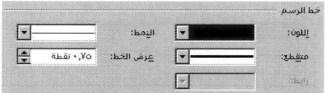

الطباعة والنشر(إعداد الشريحة)

اختيار التنسيق لعرض الشرائح ليناسب أجهزة عرض الشفافيات أو النشرات أو الشرائح مقاس ٣٥ مم أو أجهزة العرض متعددة الوسائط

لإعداد تنسيق الشريحة من قائمة ملف:

١- اختر **إعداد الصفحة** لعرض مربع حوار **إعداد الصفحة؛**

٢- انقر فوق السهم المتجه إلى أسفل المجاور لمربع **تغيير حجم الشرائح؛**

٣- اختر أحد الخيارات الآتية:

أ- عرض على الشاشة يتم ضبط اتجاه الصفحة على الوضع الأفقي؛ وضبط لعرض عـلى ١٠ بوصـات، والارتفاع على ٧.٥ بوصة.

ب-ورق رسائل (٨.٥ x ١١ بوصة) يتم ضبط العرض على ١٠ بوصات والارتفاع على ٧.٥ بوصة. لـكي تملأ الشرائح الصفحة، ويتم ضبط الاتجاه على الوضع الأفقي. حـدد هـذا الخيار مـن أجـل طباعة العرض التقديمي على شفافيات الورق الشفاف الخاص بجهاز العرض.

ث- ورق A٤ (٢١٠ x ٢٩٧ مم) إذا كان الاتجاه أفقيًا، يتم ضبط العرض عـلى ٢٦ سـم (١٠.٨٣ بوصة) والارتفاع على ١٨ سم (٧.٥ بوصة) حتى تملأ الشرائح صفحة A٤.

ث- الشرائح مقاس ٣٥ مم يتم ضبط العرض على ١١.٢٥ بوصة والارتفاع على ٧.٥ بوصة. وإذا كان الاتجاه أفقيًا، فإن محتويات الشريحة سوف تملأ موضع الشريحة. مخصص حدد الأبعاد المطلوبة عن طريق النقر فوق السهم المتجه إلى أسفل أو المتجه إلى أعلى في مربعي **العرض والارتفاع**.

ج- إذا كنت ترغب في بدء ترقيم الشرائح برقم غير الواحد، أدخل الرقم الجديد في مربع **ترقيم الشرائح بدءً من**.

ح- حدد اتجاه الشرائح في مربع **الشرائح** في جزء "اتجاه"، حيث يمكنك أن تختار **عمودي** أو **أفقي**.

خ- في جزء **ملاحظات/نشرات/مخطط تفصيلي**، حدد اتجاه الملاحظات والنشرات والمخططات التفصيلية. اختر إما "**عمودي**" أو "**أفقي**".

د- اختر **موافق** لقبول إعدادات الشريحة.

تغيير اتجاه الشريحة أفقياً أو عمودياً

لضبط اتجاه الشريحة

١-انقر فوق قائمة **ملف** المنسدلة وحدد أمر **إعداد الصفحة** لعرض مربع حوار **إعداد الصفحة**:

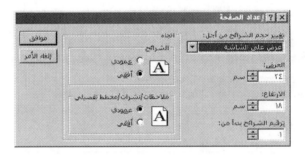

٢- في جزء **اتجاه**، حدد اتجاه الشرائح في مربع **الشرائح**. اختر إما **عمودي** أو **أفقي**.

إضافة ملاحظات خاصة بمقدم العرض إلى الشرائح

لإضافة ملاحظات إلى العرض التقديمي

١- تأكد من أنك ترى العرض التقديمي في عرض **عادي**. انقر فوق أيقونة عرض **عادي**، في الركن الأيـمن السفلي من الشاشة.

٢- سوف ترى جزءًا يسمى **انقر لإضافة ملاحظات** ـ كما هو موضح أدناه. انقر في هذا المكان وابدأ في الكتابة.

إضافة أرقام إلى الشرائح

لإضافة التاريخ والوقت ورقم الشريحة وتذييل الصفحة

١- اعرض الشريحة في عرض **رئيسي**، عن طريق النقر فوق قائمة **عرض** المنسدلة، ثم اختيار أمر **رئيسي** متبوعًا بأمر **الشريحة الرئيسية**.

٢- حدد أمر **رأس وتذييل الصفحة** من قائمة **عرض** المنسدلة، وذلك لعرض مربـع حوار **رأس وتذييل الصفحة**.

أ- لإدراج التاريخ والوقت، انقر في مربع اختيار **التـاريخ والوقت**. يمكنك تحديـد إدراج هـذا كتاريخ ثابت، أو تحديث التاريخ تلقائيًا في كل مرة تقوم فيها بطباعة العرض التقديمي.

ب- لإدراج رقم الشريحة، انقر في مربع اختيار **رقم الشريحة**.

ت- لإدراج تذييل للصفحة، حدد خيار تذيل الصفحة ثم أدخل نص التذييل المطلوب في حقل النص أسفل خيار **تذييل الصفحة**.

ج- لمنع ظهور هذه المعلومات على صفحة العنوان، انقر في مربع تحديد **عدم الإظهار**.

ج- على شريحة العنوان انقر فوق زر **تطبيق على الكل**.

استخدام برنامج التدقيق الإملائي وإجراءات التغييرات عند اللزوم

لاستخدام المدقق الإملائي

١- انقر فوق أيقونة **تدقيق إملائي** من شريط أدوات **قياسي**. فيبدأ بوربوينت في التدقيق الإملائي، وإذا عثر بوربوينت على كلمة لا يستطيع التعرف عليها، يظهر مربع حوار **التدقيق الإملائي**.

في المثال الموضح هنا، وجد بوربوينت كلمة **الفصول** المكتوبة بشكل غير صحيح. حيث يتم عرض الكلمة غير الصحيحة في مربع **ليست في القاموس**، وفي مربع **تغيير إلى** يتم اقتراح كلمة بديلة، والبدائل المحتملة يتم إدراجها في مربع **اقتراحات**. اختر البديل المناسب، ثم حدد واحد من الخيارات الآتية أو أكثر.

	تجاهل	يتم تجاهل الكلمة.
	تجاهل الكل	يتم تجاهل الكلمة كلما ظهرت بعد ذلك في المستند.
	تغيير	يتم تغيير الكلمة إلى الكلمة المقترحة في مربع **تغيير إلى**. يمكنك تحديد كلمة بديلة أخرى من مربع **اقتراحات**.
	تغيير الكل	يتم تغيير الكلمة كلما ظهرت بعد ذلك في المستند إلى الكلمة التي تم اختيارها.
	إضافة	إضافة الكلمة إلى القاموس المخصص.
	اقتراح	يقترح كلمات أخرى بديلة.

عندما ينتهي البرنامج من التدقيق الإملائي للعرض التقديمي، فإنه يعرض رسالة تخبرك أنه قد انتهى من ذلك. لإنهاء المدقق الإملائي، اختر **إغلاق**.

الطباعة

معاينة مستند العرض التقديمي

الطباعة من بوربوينت

في بوربوينت يمكن طباعة جميع عناصر العرض التقديمي الشرائح والمخطط التفصيلي وملاحظات المتحدث والنشرات الخاصة بمشاهدي العرض، ويمكن أن تتم طباعة الشرائح على ورق أو شفافيات.

قبل البدء في العرض التقديمي، يجب أن تقوم بضبط تنسيق الشرائح لتحديد الكيفية التي ستبدو عليها عندما تتم طباعتها. إن ضبط الشرائح في هذه المرحلة يضمن تتطابق ما تراه على الشاشة مع ما سيظهر على الصفحات المطبوعة.

لمعاينة العرض التقديمي	إن أفضل طريقة لمعاينة العرض التقديمي هي استخدام أيقونة **عرض الشرائح** ومشاهدة الشرائح بدقة على الشاشة، وذلك لعدم وجود أيقونة " **معاينة قبل الطباعة** " لمعاينة المستند قبل طباعته.

تغيير طرق العرض		
أيقونات طرق العرض	توجد فوق شريط الحالة تمامًا في الجانب الأيمن من الشاشة أيقونات طرق العرض في بوربوينت، حيث تستخدم هذه الأيقونات لتغيير طريقة عرض التقديمي في بوربوينت. طرق العرض المتاحة هي:	
	عرض عادي	هو العرض الذي،على الأغلب، ستعمل فيه معظم الوقت عند استخدام بوربوينت،وهو العرض الأكثر مناسبة لإنشاء وتحرير شرائح بوربوينت.
	عرض مفصل	باستخدام طريقة العرض هذه سوف ترى فقط عناوين الشرائح والنقاط الأساسية. هذا العرض يمكن أن يكون مفيدًا في وضع المسودة التمهيدية للعرض التقديمي (التخطيط الأولي).
	عرض شريحة	يعرض صورة للشريحة الحالية التي تعمل بها.
	عرض فارز الشرائح	يمكّنك هذا العرض من رؤية جزء كبير من العرض التقديمي في نفس الوقت،حيث تظهر صورة صغيرة لكل شريحة في العرض، ويمكنك في هذا العرض نسخ ونقل الشرائح لتغيير ترتيب العرض التقديمي. كما يمكنك أن تختار شريحة مفردة أو عددًا من الشرائح لنسخها ونقلها.
	عرض الشرائح	يسمح لك هذا العرض تشغيل عرض بوربوينت التقديمي في شكل عرض على الشاشة مع تنشيط جميع المؤثرات والحركة والمراحل الانتقالية.

طباعة الشرائح	
طرق طباعة العرض التقديمي	إذا كنت ترغب في تقديم العرض التقديمي باستخدام أي من الوسائل الآتية، فسوف تحتاج إلى استخدام الطابعة. الشفافيات الخاصة بجهاز عرض فوق الرأس (**Overhead projector**) لجهاز العرض نشرات للحاضرين (٢، ٣، ٦ شرائح في الصفحة). ملاحظات مقدم العرض المخطط التفصيلي للعرض التقديمي
طباعة الشرائح على شفافيات	يمكن طباعة العرض مباشرة على الشفافيات ولكن يجب أن تتحقق أولا (أن الطابعة معدة لذلك)، كما يمكنك طباعة العرض التقديمي على ورق عادي ثم تصويره على شفافيات.
طباعة النشرات الخاصة بالحاضرين	يمكن طباعتها في ثلاثة تنسيقات، هي: شريحتين أو ثلاث أو ست شرائح في الصفحة الواحدة. عند طباعة شريحتين أو ست شرائح في الصفحة، فإنك في الواقع تقوم بإنتاج سجل مصور للعرض التقديمي وتكون هناك مساحة صغيرة يستطيع أن يستخدمها مشاهد العرض لتدوين الملاحظات. وتعتبر النشرة التي يتم فيها طباعة ست شرائح في الصفحة مفيدة لتزويد الحاضرين بمرجع مصور سريع للعرض التقديمي.

وعند طباعة نشرات تحتوي على ثلاث شرائح في الصفحة، يتم وضع الشرائح في الجانب الأيسر من الصفحة مع ترك مساحة للملاحظات على الجانب الأيمن من كـل شريحة، ويعد هذا مفيداً إذا كان الحضور يرغبون في تدوين ملاحظاتهم.

طباعة الملاحظات الخاصة بمقدم العرض

طباعة المخطط التفصيلي للعرض التقديمي

يمكن لمايكروسوفت بوربوينت أن يقوم بطباعة ملاحظات مقدم العرض وفي هذا التنسيق تحتوي الصفحة على شريحة واحدة مع الملاحظات التي أدخلها مقدم العرض أثناء إنشاء العرض التقديمي. (انظر الشكل).

عندما تتم طباعة المخطط التفصيلي للعرض التقديمي تكون النتيجة هي مخطط تفصيلي نصي. بسيط للعرض التقديمي، قد يحتوي على عناوين الشرائح فقط أو كامل محتويات العرض التقديمي.

مربع حوار "طباعة"	يحتوي مربع حوار **طباعة** على أربعة أجزاء رئيسية هي: **الطابعة، ونطاق الطباعة، وعدد النسخ، ومادة الطباعة.**
جزء الطابعة	يعرض هذا الجزء المعلومات التي تتعلق بالطابعة المحددة حاليًا. يمكنك تغيير إعدادات الطابعة عن طريق زر **خصائص**. وإذا كنت تريد الطباعة إلى ملف، حدد مربع اختيار **طباعة إلى ملف.**
جزء نطاق الطباعة	يسمح لك هذا الجزء بتحديد ما ترغب في طباعته. والخيارات المتاحة هي: **الكل** ـ العرض التقديمي بأكمله؛ **الشريحة الحالية** ـ الشريحة المحددة حاليًا؛ **تحديد** ـ مجموعة من شرائح العرض التقديمي محددة باستخدام الفأرة؛ **الشرائح** ـ مجموعة متجاورة أو غير متجاورة من الشرائح.
جزء نسخ	هذا الجزء من مربع الحوار يسمح لك بإدخال عدد النسخ المطلوبة وما إذا كنت ترغب في أن يتم ترتيبها أم لا.
جزء مادة الطباعة	هذا هو الموضع الأخير في مربع الحوار ويحتوي على الخيارات الآتية: **مادة الطباعة**: الشرائح أو النشرات (٢ أو ٣ أو ٦) أو صفحات الملاحظات أو عرض مفصل **طباعة الشرائح المخفية**: نعم/لا **أسود وأبيض فقط**: نعم/لا

	تحجيم (تصغير أو تكبير) لملاءمة الورق	نعم/لا
	وضع إطار حول الشرائح	نعم/لا
للطباعة على شفافيات	١- افتح قائمة **ملف**؛ ٢- حدد خيار **طباعة**؛ ٣-حدد الطابعة المناسبة من جزء الطابعة، إذا احتجت إلى ذلك؛ ٤- حدد نطاق الطباعة؛ ٥- حدد عدد النسخ؛ ٦- حدد **مادة الطباعة ـ شرائح**؛ ملاحظة: حدد مربع **أسود وأبيض فقط** إذا لم تكن ترغب في نسخة ملونة. ٧- حدد مربع **تحجيم لملاءمة الورق**؛ ٨- حدد مربع **وضع إطار حول الشرائح** إذا كنت تريد أن تظهر الشرائح في إطار؛ ٩- انقر فوق **موافق** لبدء الطباعة.	

لطباعة النشرات الخاصة بالحاضرين	١- افتح قائمة ملف؛ ٢- حدد خيار طباعة. ٣- حدد الطابعة المناسبة إذا احتجت إلى ذلك؛ ٤- حدد نطاق الطباعة؛ ٥- حدد عدد النسخ؛ ٦- حدد مادة الطباعة ـ **نشرات** (نسخة مناسبة)؛ ٧- حدد مربع **أسود وأبيض فقط** إذا لم تكن ترغب في نسخة ملونة؛ ٨- انقر فوق **موافق** لبدء الطباعة.
لطباعة ملاحظات المحاضر	١- افتح قائمة ملف؛ ٢- حدد خيار طباعة؛ ٣- حدد الطابعة المناسبة إذا احتجت إلى ذلك؛ ٤- حدد نطاق الطباعة؛ ٥- حدد عدد النسخ؛ ٦- حدد مادة الطباعة ـ **صفحات ملاحظات**؛ ٧- حدد مربع **أسود وأبيض فقط** إذا لم تكن ترغب في نسخة ملونة؛ ٨- انقر فوق **موافق** لبدء الطباعة.

لطباعة عرض مفصل		
١-	افتح قائمة ملف؛	
٢-	حدد خيار طباعة؛	
٣-	قم بتحديد الطابعة المناسبة إذا احتجت إلى ذلك؛	
٤-	حدد نطاق الطباعة؛	
٥-	حدد عدد النسخ؛	
٦-	**حدد مادة الطباعة ـ عرض مفصل؛**	
٧-	حدد مربع **أسود وأبيض فقط** إذا لم تكن ترغب في نسخة ملونة؛	
٨-	انقر فوق **موافق** لبدء الطباعة.	

المؤثرات الإضافية للعروض التقديمية (المؤثرات الحركية)

إضافة تأثيرات حركية إلى الشرائح

ما هي تأثيرات الحركة؟

تسمح لك تأثيرات الحركة بإضافة عدد من التأثيرات الخاصة إلى عرض الشرائح، وتشمل:

١- دفع إلى الأمام؛

٢- انطلاق؛

٣- كاميرا؛

٤- ومضة واحدة؛

٥- نص ليزر؛

٦- آلة كاتبة؛

٧- ترتيب عكسي للنص؛

٨- إسقاط.

لعرض شريط أدوات الحركة

انقر فوق قائمة **عرض** المنسدلة وحدد أمر **أشرطة الأدوات**، ثم من القائمة الفرعية التي تظهر حدد **تأثيرات الحركة**.

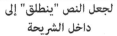

لجعل العنوان يدخل من أعلى الشريحة خلال العرض		تجعل هذه الأداة عنوان الشريحة ينزل من أعلى إلى داخل الشريحة خلال العرض التقديمي (يستمر تطبيق هذا التأثير حتى يتم إلغاء اختياره).
لجعل النص يظهر على الشاشة فقرة تلو الأخرى		تجعل هذه الأداة النص الموجود على الشريحة يظهر فقرة بعد الأخرى خلال العرض التقديمي (يتم تطبيق التأثير حتى إغلاقه).
لجعل النص "يندفع إلى الأمام" داخل الشريحة		يندفع النص إلى الأمام داخل الشريحة مصحوبًا بصوت سيارة.
لجعل النص "ينطلق" إلى داخل الشريحة		ينطلق النص إلى داخل الشريحة مصحوبًا بصوت "اختراق الهواء".
لجعل النص يظهر في شكل فتحة عدسة الكاميرا		يظهر النص على الشريحة كما لو كانت عدسة الكاميرا تُفتح.
لجعل النص أو الكائن يومض		عند استخدام هذه الأداة يظهر الكائن، أثناء العرض، لبرهة ثم يختفي.

لجعل النص أو الكائنات تظهر من أعلى يمين الشريحة		يسبب استخدام هـذه الأداة ظهور الكـائن مـن أعـلى يمـين الشريحة مصحوبا بصوت "طلقة ليزر".
لجعل النص يظهر حرفًا بعد الآخر		تسبب هذه الأداة أن يظهر النص حرفًا حرفًا مصحوبًا بصوت الآلـة الكاتبة.
لجعل النص يظهر في ترتيب معكوس (من أسفل إلى أعلى)		ينتج عن استخدام هذه الأداة ظهور الفقرات على الشريحة مـن أسـفل إلى أعلى، أي بترتيب عكسي.
لجعل النص يظهر في شكل أمطار من أعلى الشريحة		يؤدي تطبيق هذه الأداة إلى سقوط النص كلمة بعد الأخرى ـ كـما لـو كانت أمطارًا ـ من أعلى الشاشة.
لتغيير ترتيب بناء النص		استخدم هذه الأداة لتغيير النقطة التي يظهر عندها أحد الكائنات.
لفتح مربع حوار "حركة مخصصة"		تعمل هذه الأداة على فتح مربع حوار **حركة مخصصة** للسماح بالوصول إلى المزيد من الإعدادات غير المذكورة في شريط الأدوات.
لمعاينة تأثير الحركة		تسمح لك برؤية تأثير الحركة قبل تأكيده.
تغيير تأثيرات الحركة		
لتغيير تأثير الحركة	١-	حدد الكائن الذي تريد تطبيق تأثير الحركة الجديد عليه.
	٢-	حدد تأثير الحركة المطلوبة من شريط أدوات تأثيرات الحركة.

إضافة تأثيرات المرحلة الانتقالية للشريحة

ما هي المراحل الانتقالية لعرض الشرائح؟

المراحل الانتقالية لعرض الشرائح هي: تأثيرات خاصة يمكن إضافتها إلى عرض الشرائح لتحديد كيـف تتحول إحدى الشرائح إلى الشريحة الآتية داخل العرض التقديمي.

لإضافة مراحل انتقالية إلى عرض الشرائح

١- انتقل إلى عرض فارز الشرائح عن طريق النقر فوق أيقونة فارز الشرائح؛

٢- حدد المراحل الانتقالية للشرائح من قائمة عرض الشرائح، وذلك لعرض مربـع حـوار المراحل الانتقالية للشرائح؛

٣- حدد المرحلة الانتقالية التي تريدها من قائمة تأثير المنسدلة؛

٤- يتم تطبيق معاينة للخيار المحدد على الصورة المعروضة في مربع معاينة. ولمعاينة المرحلة الانتقالية مرة أخرى، انقر فوق الصورة؛

٥- حدد السرعة التي تريدها للمرحلة الانتقالية عن طريق اختيار بطئ أو متوسط أو سريع. يمكنـك معاينة السرعة التي اخترتها في مربع معاينة؛

٦- لتطبيق المرحلة الانتقالية المحددة على الشريحة الحالية فقط، انقر فوق تطبيق. ولتطبيق المرحلة الانتقالية على جميع الشرائح في العرض التقديمي، انقر فوق تطبيق على الكل.

معاينة عرض الشرائح إلقاء عرض تقديمي

عرض الشرائح

ما هو عرض الشرائح؟

بدلاً من طباعة العرض التقديمي، يمكنك تشغيله في شكل عرض شرائح على جهاز الحاسوب.

وهذا يعني أن كل شريحة في العرض التقديمي، بالنص الموجود بها والرسومات والصور، سوف تشغل الشاشة بأكملها. وتختفي كل عناصر الشاشة الأخرى.

لبدء عرض الشرائح

١-   افتح العرض التقديمي؛

٢-   انقر فوق أيقونة **عرض الشرائح** أو حدد أمر **عرض الشرائح** من قائمة **عرض.**

لبدء عرض الشرائح من شريحة معينة

١-اعرض الشريحة، التي تريد أن تبدأ بها العرض التقديمي، على الشاشة. (أي في نمط عادي أو في نمط عرض الشرائح)، أو اختر عرض **فارز الشرائح** وحدد الشريحة التي تريد البدء بها.

٢-انقر فوق أيقونة **عرض الشرائح** لبدء العرض التقديمي.

استخدام أدوات التصفح على الشاشة

لاستعراض اختصارات عرض الشرائح	عندما يتم تشغيل عرض الشرائح، اضغط على مفتاح F1 لعرض قائمة بالاختصارات.

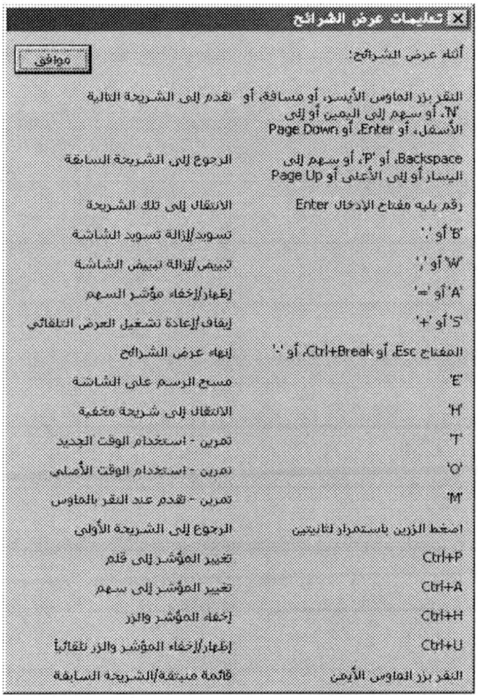

للانتقال إلى الشريحة الآتية

استخدم أي من الخيارات الآتية:

١- النقر بزر الفأرة الأيسر؛

٢- الضغط على مفتاح **N**؛

٣- الضغط على شريط المسافات؛

٤- مفتاح السهم المتجه إلى اليمين؛

٥- مفتاح السهم المتجه إلى أسفل؛

أ- مفتاح **Enter**؛

ب- مفتاح **Page Down**؛

٧- النقر بزر الفأرة الأيمن واختيار **الآتي** من القائمة التي تظهر

للانتقال إلى الشريحة السابقة	استخدم أي من الخيارات الآتية: ١- مفتاح **Backspace**؛ ٢- مفتاح **P**؛ ٣- مفتاح السهم المتجه إلى اليسار؛ ٤- مفتاح السهم المتجه إلى أعلى؛ ٥- مفتاح **Page Up**؛ ٦- النقر بزر الفأرة الأيمن واختيار **السابق**؛
للرجوع إلى الشريحة الأولى	الضغط على زري الفأرة لمدة ثانيتين.
لتسويد وإزالة تسويد الشاشة	١- اضغط على مفتاح **B** مرة واحدة لتسويد الشاشة. ٢- اضغط على مفتاح **B** مرة ثانية لإزالة تسويد الشاشة.
لتبييض أو إزالة تبييض الشاشة	١- اضغط على مفتاح **W** مرة واحدة لتبييض الشاشة. ٢- اضغط على مفتاح **W** مرة ثانية لإزالة تبييض الشاشة.

لإنهاء عرض الشرائح استخدم أي من الخيارات الآتية:

١- مفتاح **Esc**

٢- مفتاحي **Ctrl+Break**

٣- مفتاح "- "

القائمة التي تظهر في عرض الشرائح عند النقر بزر الفأرة الأيمن

يؤدي النقر بزر الفأرة الأيمن داخل عرض الشرائح إلى عرض القائمة الآتية، والتي تسمح لك بالانتقال عبر العرض التقديمي.

إخفاء الشرائح

لإخفاء الشرائح في عرض الشرائح

١- حدد الشريحة أو الشرائح التي تريد إخفاءها.

٢- اختر **إخفاء الشريحة** من قائمة **عرض الشرائح**، أو انقر فوق أيقونة **إخفاء الشريحة** من شريط أدوات عرض **فارز الشرائح**. سوف يؤدي ذلك إلى إخفاء الشريحة أثناء عرض الشرائح.

٣- في عرض **فارز الشرائح** تظهر أيقونة أسفل الشريحة تحتوي على رقم الشريحة وبها خط فوق هذا الرقم ليدل على أنها مخفية.

٤- في أثناء عرض الشرائح، إذا كنت ترغب في عرض إحدى الشرائح المخفية، انقر بزر الفأرة الأيمن فوق الشريحة السابقة لعرض قائمة مختصرة، واختر **الانتقال إلى** ثم اختر الشريحة المخفية أو اضغط فقط على مفتاح H.

لرؤية أي الشرائح مخفية

انتقل إلى عرض فارز الشرائح وسوف تظهر الشريحة المخفية على النحو الموضح في الشكل الآتي.

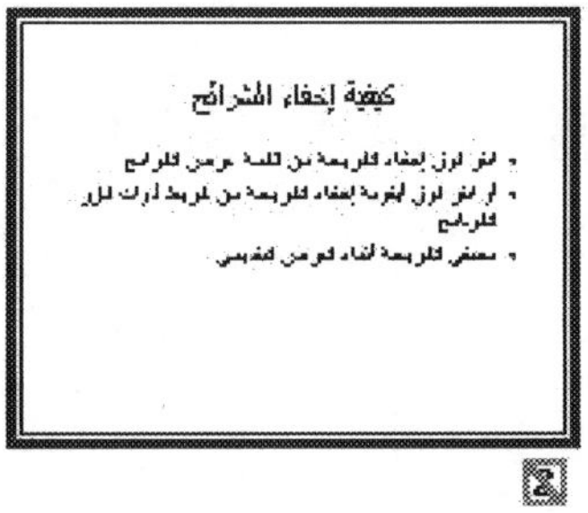

لعرض شريحة مخفية في أثناء عرض الشرائح

١- انقر بزر الفأرة الأيمن داخل عرض الشرائح فوق الشريحة التي تسبق الشريحة المخفية.

٢- انقر فوق أمر **الانتقال إلى**، ثم انقر فوق الشريحة المخفية لعرضها.

معلومات إضافية (شريط أدوات قياسي)

لبدء عرض تقديمي جديد		تعمل على فتح عرض تقديمي جديد بجانب أي عـروض أخرى مفتوحة.
لفتح عرض تقديمي موجود		تعمل على فتح عرض تقديمي موجود.
لحفظ العرض التقديمي النشط		تعمل على حفظ العرض التقديمي النشط.
إرسال عرض تقديمي عبر البريد الإلكتروني		تسمح لك بإرسال العرض التقـديمي عبر البريد الإلكتروني إلى أي شخص متصل بالشبكة أو عن طريق الإنترنت.
لطباعة أحد العروض التقديمية		تعمل على طباعة العرض التقديمي النشط.
للتدقيق الإملائي لأحد العروض التقديمية		تعمل على التدقيق الإملائي للعرض التقديمي النشط.
لقص كائنات من العرض التقديمي		تعمل على قص الكائنات من العرض التقديمي إلى الحافظة. مفاتيح الاختصار المكافئة لها على لوحة المفاتيح هي Ctrl+X.

لنسخ كائنات إلى أحد العروض التقديمية		تعمل على نسخ الكائنات من العرض التقديمي إلى الحافظة. مفاتيح الاختصار المكافئة لها على لوحة المفاتيح هي: Ctrl+C.
للصق كائنات إلى عرض تقديمي		تعمل على لصق الكائنات من الحافظة إلى العرض التقديمي. مفاتيح الاختصار المكافئة لها هي: Ctrl+V.
لنسخ التنسيق من أحد الكائنات إلى كائن آخر		تسمح لك بتحديد التنسيق الخاص بكائن موجود فعلاً وتطبيقه على كائن آخر.
للتراجع عن أو إعادة إجراء معين		تسمح لك بالتراجع عن إجراء معين أو إعادة إجراء معين حتى ١٥٠ مرة.
لإدراج ارتباط تشعبي		تسمح لـك بـإدراج ارتباط تشعبي في المستند، والذي يكون مفيدًا في الارتباط بشكل مباشر بأحد مواقع الويب. مفاتيح الاختصار المكافئة هي Ctrl+K.
لعرض شريط أدوات جداول وحدود		تعمل على عرض شريط أدوات إضافي للتعامل مع الجداول والحدود.

لإدراج جدول		تعرض قائمة منسدلة تسمح لك بإدراج جدول في العرض التقديمي.
لإدراج تخطيط		تعمل على إدراج تخطيط مايكروسوفت في الشريحة النشطة.
لإدراج شريحة جديدة		تعمل على إدراج شريحة جديدة في العرض التقديمي النشط. مفاتيح الاختصار المكافئة لها هي: Ctrl+M
من أجل توسيع الكل أي لعرض جميع المعلومات		الانتقال بين عرض جميع المعلومات داخل المخطط التفصيلي للعرض التقديمي وتفاصيل العناوين فقط.
لإظهار التنسيق		الانتقال بين عرض المخطط التفصيلي للعرض التقديمي منسقًا وغير منسق.
للمعاينة بتدرج الرمادي		للانتقال بين العرض الأبيض والأسود والألوان للعرض التقديمي النشط.
لتغير حجم العرض	150%	التحكم في تكبير وتصغير حجم العرض (من ١٠% إلى ٤٠٠%)
لإظهار مساعد Office		تسمح لك بالحصول على التعليمات باستخدام مساعد Office. مفتاح الاختصار المكافئ هو F١.

شريط أدوات تنسيق

لتغيير نوع الخط

Times New Roman

 | تسمح لك بتغيير الخط المستخدم في النص المحدد. |
| **لتغيير حجم الخط** | | تسمح لك بتغيير حجم الخط المستخدم في النص المحدد. |
| **لتطبيق أو إزالة تنسيقات الخط الأسود العريض والمائل والتسطير** |

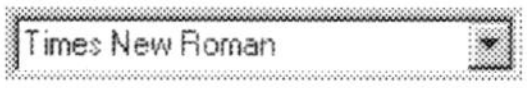

B I U

 | تعمل على تحويل النص المحدد إلى أسود عريض ومائل ومسطر. |
| **لتطبيق ظل على النص** |

S

 | تسمح لك بإضافة ظل خلف النص المحدد. |
لتعديل محاذاة النص		تسمح لك بمحاذاة النص إلى اليسار، أو توسيطه أو محاذاته إلى اليمين.
لتطبيق أو إزالة تعداد نقطي أو تعداد رقمي		تعمل على إضافة أو إزالة تعداد نقطي أو تعداد رقمي.
لتكبير أو تصغير حجم الخط		تعمل هذه الأيقونات على تكبير أو تصغير حجم الخط المستخدم في نص تم تحديده.
لتغيير المسافات البادئة قبل الفقرة		تعمل على زيادة أو تقليل المسافات البادئة قبل الفقرة والتي تسمى تخفيض وترقية.
لاستخدام تأثيرات الحركة		تمكنك من إضافة تأثيرات حركة إلى العرض التقديمي.
للوصل إلى المهام العامة		تعرض قائمة منسدلة بها مهام عامة مثل **شريحة جديدة** و**تخطيط الشريحة** و**تطبيق قالب التصميم**.

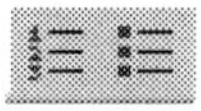

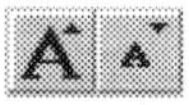

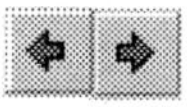

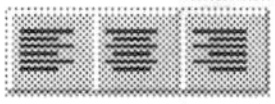

الفصل الخامس

مقدمة

ماذا نقصد بالإنترنت؟

الإنترنت شبكة من الحواسيب المتصلة بوساطة أنواع متعددة من وسائل الربط.

ما هي مجالات استخدام شبكة الانترنت؟

تقدم شبكة الانترنت العديد من الخدمات، منها:

١- تبادل المعلومات والآراء والأفكار؛

٢- التراسل عبر البريد الإلكتروني؛

٣- مجموعة الأخبار؛

٤- نقل الملفات؛

٥- قراءة الإخبار وتصفح المجلات والصحف الإخبارية والمتخصصة؛

٦- البحث عن المعلومات؛

٧- الاتصال **عن بعد** Telnet؛

٨- الاتصال المباشر عبر التلفون؛

٩- المخاطبة **دردشة** Chatting؛

١٠- خدمة الشبكة العنكبوتية.

تطبيقات الإنترنت في التعليم

استخدام الإنترنت في التعليم:

هل الإنترنت موضة، أو بدعة جديدة من بدع القرن الحالي يمكن استخدامها في التعليم؟ هناك أربعة أسباب رئيسية تجعلنا نستخدم الإنترنت في التعليم، وهي:

١- الإنترنت مثال واقعي للقدرة على الحصول على المعلومات من مختلف أنحاء العالم؛

٢- تساعد الإنترنت على التعلم التعاوني الجماعي، فنظراً لكثرة المعلومات المتوافرة عبر الإنترنت فإنه يصعب على الطالب البحث في كل القوائم؛ لذا أتاح الإنترنت الاتصال بالعالم بأسرع وقت وبأقل تكلفة؛

٣- يمكن استخدام طريقة التعلم الجماعي بين الطلاب، حيث يقوم كل طالب بالبحث في قائمة معينة ثم يجتمع الطلاب لمناقشة ما تم التوصل إليه؛

٤- تساعد الإنترنت على توفير أكثر من طريقة في التدريس ذلك أن الإنترنت هي بمثابة مكتبة متوفرة فيها جميع الكتب سواء كانت سهلة أم صعبة. كما أنه يوجد في الإنترنت بعض البرامج التعليمية باختلاف المستويات.

إن أهم الخدمات التي تقدمها الإنترنت والتي يمكن توظيفها في مجال التربية والتعليم هي:

١- البريد الإلكتروني Electronic Mail؛

٢- خدمة نقل الملفات FTP؛

٣- خدمة المجموعات News Group؛

٤- خدمة القوائم البريدية Mailing List؛

٥- خدمة المحادثة Internet Relay Chat؛

٦- خدمة البحث باستخدام Wais؛

٧- خدمة البحث في القوائم Gopher؛

٨- خدمة الشبكة العنكبوتية www.

التعلم عن بعد Distance Learning

يعتبر التعلم عن بعد أحد الوسائل الرئيسية التي يمكن استخدامها كوسيط للتعليم بين المؤسسة التعليمية وطلابها في مختلف أنحاء العالم، وقد عرف على أنه استخدام تكنولوجيا المعلومات والاتصالات لنقل المعلومات للطلاب عندما يكونون في مكان والمعلم في مكان آخر، ويرى آخرون بأن التعلم عن بعد بأنه النظم والطرق التي يمكن بواسطتها إتاحة الفرصة للمتعلم للحصول على أكبر قدر من المعلومات.

استخدام الإنترنت في التعليم عن بعد Distance Learning Internet

إن المتبع لواقع التعليم عن بعد يجد أن الإنترنت لعبت دوراً مهماً في تغيير أشكال استخدام التعليم عن بعد.

١- استخدام **البريد الإلكتروني** Electronic Mail وذلك بإرسال جميع الأوراق المطلوبة في المواد لجميع الطلاب، وإرسال الواجبات المنزلية، واستخدام البريد كوسيط بين المعلم والطالب للرد على الاستفسارات، وكوسيط **للتغذية الراجعة** Feedback.

٢- استخدام الإنترنت كوسيط للحوار بين الطلبة مهما كان موقعهم في العالم عن طريق ما يسمى **بنظام المجموعات** Newgroup، وعن طريق استخدام هذه الخدمة يمكن جمع الطلبة والطالبات المسجلين في مادة ما تحت هذه المجموعة لتبادل الآراء ووجهات النظر.

٣- استخدام الإنترنت كوسيط للحصول على المعلومات والأوراق الخاصة بموضوع معين باستخدام **نقل الملفات** Downloading.

٤- استخدام الإنترنت كوسيط في التعليم باستخدام التعليم الذاتي.

٥- استخدام الإنترنت كوسيلة لعقد الاجتماعات باستخدام الصوت والصورة بين أفراد المادة الواحدة، مهما تباعدت المسافات بينهم في العالم وذلك **نظام** Multi-User Object Oriented أو Relay Chat Internet.

٦- استخدام الإنترنت كوسيط في البحث والإطلاع والحصول على المعلومات والبحوث والدراسات المتوافرة عبر هذه الشبكات.

استخدام الإنترنت كأداة أساسية في التعليم عن بعد حقق الكثير من الإيجابيات منها:

١- المرونة في الوقت والمكان؛

٢- إمكانية الوصول إلى عدد أكبر من الجمهور والمتابعين في مختلف أنحاء العالم؛

٣- عدم النظر إلى ضرورة تطابق أجهزة الكمبيوتر وأنظمة التشغيل المستخدمة من قبل المشاهدين مع الأجهزة المستخدمة في الإرسال؛

٤- سرعة تطوير البرنامج مقارنة بأنظمة الفيديو والأقراص المدمجة CD-Rom؛

٥- سهولة تطوير محتوى المناهج والمعلومات الموجودة عبر الإنترنت؛

٦- قلة التكلفة المادية مقارنة باستخدام الأقمار الصناعية، ومحطات التلفزيون والراديو.

هذا وتجدر الإشارة إلى أن بعض الجامعات بدأت تمنح الدرجات العلمية عبر الإنترنت.

برنامج التصفح إنترنت إكسبلورار

أساسيات التعامل مع الإنترنت

ما هي المتطلبات الرئيسة للدخول على الإنترنت؟

للدخول على الإنترنت، لا بد من توفر الأدوات الآتية:

١- جهاز كمبيوتر ومودم (أو الدخول على إحدى شبكات الاتصال المحلية المتصلة بالإنترنت)؛

٢- اتصال بالإنترنت عبر خط هاتفي (أو عبر إحدى الشبكات المحلية، في حالة الشركات والمؤسسات الكبرى، التي تتيح بدورها إمكانية الدخول على الإنترنت)؛

٣- حق دخول خاص بالإنترنت. يمكن الاتصال بالإنترنت عبر أحد الخطوط الهاتفية، بعد الحصول على حق الدخول عن طريق أحد مزودي **خدمة الإنترنت** ISP. وعادةً ما يتضمن ذلك أيضًا حق دخول خاص بالبريد الإلكتروني، ويمكن عن طريقه إرسال واستقبال رسائل البريد الإلكتروني؛

٤- برامج تصفح الإنترنت، والتي هي عبارة عن برامج خاصة يمكن عن طريقها استعراض صفحات الويب.

ما هي الكيفية التي سيتم بها ربط جهاز الحاسب الشخصي بالإنترنت؟

منذ وقت قصير نسبيًا، كان يُنظر إلى عملية الاتصال التي تتم بين الحاسب الشخصي والإنترنت كواحدة من المهام الصعبة التي طالما تحتاج إلى متخصص خبير. ولكنَّ الحال قد تغير الآن، فأصبحت هذه العملية من المهام السهلة للغاية. فتقريبًا، ما من مجلة اليوم يتم شراؤها وتكون ذات صلة بالحاسب إلا ويكون مرفقًا بها قرص عادي أو قرص مدمج؛ تتاح عن طريقه عادة إمكانية إجراء عملية دخول تجريبي مجاني إلى الإنترنت. ويتضمن هذا قسمًا خاصًا بتفاصيل الحقوق والواجبات (بطاقة الائتمان) الخاصة بالشخص ليكون حذرًا عند استخدام هذه الإمكانية في الدخول على الإنترنت. إذا وقع اختيارك على أي من العروض المقدمة للدخول على الإنترنت عبر مودم الاتصال الذي تستخدمه، فلا تقلق لأن عملية الاتصال أصبحت تتم الآن على نحو عالٍ من التلقائية والأتمتة ومعظم الشركات تتوفر لديها خدمات الدعم التليفوني للاستفسار عن أية مشكلة قد تعترض طريقك.

إذا كانت فكرة الدخول إلى الإنترنت تروق لك، فمن الأحرى أن تبتعد عن شراء المودم الأقل سعرًا، وبادر بشراء المودم ذي مستوى السرعة الأعلى وتأكد من شهرة علامته التجارية (وتوفر الدعم الكافي لها)، كما هو الحال ـ مثلاً ـ مع العلامة التجارية لشركة **روبوتكس الأمريكية (US Robotics)**.

شبكة الويب العالمية

تحتوي الإنترنت على مجموعة من الخدمات، والبرامج التي تعمل إلى جانب بعضها بعضا بشكل متداخل ومتلاحم؛ وعلى الرغم من هذا، فإن ما يتردد عادةً هو مصطلح شبكة الويب العالمية، وهذه الشبكة في الواقع، عبارة عن بيئة تشغيل رسومية تسمح بعرض النصوص والصور على الشاشة، عبر برنامج يُدعى متصفح الويب ـ والذي من أمثاله متصفح **نافيجيتور (Navigator)** من شركة **نتسكيب (Netscape)** ومتصفح إنترنت **إكسبلورار (Internet Explorer)** من **شركة مايكروسوفت (Microsoft)**؛ هذا بالإضافة إلى إمكانيات عرض الأفلام وتنزيل الأصوات.

البريد الإلكتروني

من البرامج الأخرى المتاحة على الإنترنت برامج البريد الالكتروني التي تساعد في إرسال واستقبال الرسائل من أي مكان في العالم بشكل إليكتروني، وبتكلفة المكالمة الهاتفية المحلية. فالاتصال بالإنترنت عادةً ما يتم عن طريق أحد مزودي خدمة الإنترنت والذي يكون الاتصال به بدوره من هاتف محلي، وبمجرد أن يتم الدخول الفعلي على الإنترنت، يكون بإمكانك إرسال واستقبال الرسائل ـ سواءٌ تم ذلك في حدود دولتك أم المنطقة التي تقطن بها أم من أي مكان آخر في العالم دون تحمل تكلفة المكالمات الباهظة. وتنطبق الفكرة نفسها على إمكانية استعراض صفحات الويب بشكل عام.

مجموعات الأخبار

يوجد العديد من مجموعات الأخبار التي تنشر عن طريق الإنترنت، ويمكن الوصول إليها باستخدام متصفح الويب، وعن طريقها يستطيع المستخدم المشاركة في مناقشات وحوارات حول موضوعات تهمه ومع أناس آخرين في العالم من نفس المستوى العقلي والفكري. وأيًا كان مجال الاهتمام الذي يروق لك البحث فيه، ستجد مجموعة الأخبار التي تتناوله.

بروتوكول FTP مقابل بروتوكول HTTP

يعد بروتوكول (**مجموعة قوانين وتعليمات**) **FTP** (والذي هو اختصارٌ لعبارة إنجليزية تعني"بروتوكول نقل الملفات") واحدًا من الأساليب المتبعة في نقل الملفات عن طريق الإنترنت. وغالبًا ما تتم هذه العملية باستخدام أداة التصفح، عن طريق النقر على الارتباط التشعبي الخاص بالملف المراد نقله، أو عن طريق أحد البرامج المتخصصة بتنزيل وتحميل الملفات باستخدام **بروتوكول FTP.**

يعد **بروتوكول FTP** من بروتوكولات الاتصال السهلة والتي يمكن التعامل معها دون الحاجة إلى معرفة الكثير عنها. فكما أن هناك مواقع ويب، هناك كذلك مواقع خاصة **ببروتوكول FTP.** ولعلَّ وجه الاختلاف الأساسي القائم بين هذين النوعين من المواقع أن

موقع الويب عادةً يتألف من مزيج من النصوص، والرسوم التي يمكن عرضها والتعرف على محتواها عن طريق متصفح الويب. أما **مواقع FTP** فعبارة عن مواقع عادةً ما تُستخدم في تخزين الملفات القابلة للتنزيل عن طريق النقر على الارتباط التشعيبي الخاص بالملف المراد نقله. وفي العادة، فإنك تستخدمً **بروتوكول FTP** عندما تقوم بنقل أحد الملفات إلى القرص الصلب الخاص بالجهاز (ولكن هذا يتم دون تدخل أو معرفة من جانبك). وأما فيما يتعلق ببروتوكول الاتصال الثاني، والمتمثل في **بروتوكول HTTP**، فهو يشير إلى الآلية التي يتم بها نقل المعلومات من أحد المواقع الموجودة على شبكة الويب. وانطلاقًا مما سبق، ستجد عند تعاملك مع مزودي خدمة الإنترنت أن القرار يكون لك في الاختيار ما بين استخدام **بروتوكول FTP أو HTTP** لتنزيل الملفات.

برامج تنزيل وتحميل الملفات باستخدام بروتوكول FTP

هناك العديد من البرامج المتخصصة في التعامل **مع بروتوكول FTP** وكثير منها متاح مجانا على شبكة الويب. إذا كنت في حاجة إلى تحميل أو تنزيل الكثير من الملفات في أحد المواقع الخاصة **ببروتوكول FTP**، ورغبت في الحصول على أحد هذه البرامج، يمكنك البحث في الويب عن نسخ مجانية أو تجريبية منها قابلة للتنزيل (حاول البحث عن هذه البرامج عبر الويب باستخدام **الكلمات الأساسية** FTP programs.

الفيروسات والبرامج المضادة للفيروسات

الفيروسات ما هي إلا برامج يتم كتابتها من قِبل أشخاص يدفعهم شعور غامض إلى تدمير أنظمة الحاسب الخاصة، وتكون هذه البرامج عادةً مخبأة داخل الملفات، وقد تكون في أي ملف يتم تنزيله من الإنترنت، ويتلخص علاج هذه المشكلة في تثبيت أحد البرامج المضادة للفيروسات على جهاز الحاسب، وعن طريق هذا البرنامج، يتم فحص جميع الملفات الجديدة التي تقوم بتنزيلها للكشف عن أي فيروسات يُحتمل وجودها عليها، وفي حالة ما إن تم

العثور على أي منها، فإن البرنامج المضاد للفيروسات يقوم بتحذير المستخدم من أجل الانتباه لهذا الخطر أو حذف الفيروس نفسه.

يطالعنا العالم كل يوم بجديد من هذه الفيروسات، الأمر الذي يستدعي ضرورة اللجوء إلى برنامج جديد وحديث لتتبع الفيروسات، والكشف عنها مع ضرورة أن يتم تحديثه بشكل دائم.

ما المقصود بوحدة خدمة الويب؟

حاول أن تفكر في استخدام شبكة الويب العالمية كما لو كنت بصدد استخدام كتاب. فثمة أناس يقومون بكتابة هذه الكتب ونشرها، وأناس آخرون يتطلعون إلى قراءتها.

في الواقع لا تختلف الحال كثيراً بالنسبة إلى شبكة الويب العالمية؛ فالمواقع مثل الكتب يتم نشرها على شبكة الويب العالمية ثم يلجأ المستخدم إلى أحد برامج التصفح الشهيرة من أجل قراءتها واستعراض محتوياتها، وحقيقةً، فإن البيانات تحديدًا هي التي يتم نشرها على الويب، حيث يتم تخزينها على وحدات خدمة الويب المتصلة بالإنترنت ليتاح فيما بعد أمر قراءتها عند تحقق شرط الدخول على الإنترنت، والمقصود بوحدة خدمة الويب هنا جهاز الحاسب العادي بشكله المعروف، ولكن من النوع الأكبر حجما والأعلى سرعة علاوةً على ضرورة اتصاله بالإنترنت حتى يتمكن الأشخاص الآخرون من تصفح محتويات وحدة الخدمة على مدار الأربع والعشرين ساعة يوميًا، وهذا بالطبع يؤدي إلى تكلفة تشغيلية عالية، قد يجد العديد من الناس فيها تكلفةً لا طاقة لهم بتحملها (لا سيما إذا كان الاتصال يستمر على مدار الأربع والعشرين ساعة يوميًا)، لذلك لجأت بعض الشركات إلى توفير خدمات تأجير مساحات من وحدات خدمة الويب الخاصة بها، وفي هذه الحالة، يستطيع الشخص أن يرسل جميع المعلومات التي يريدها إلى هذه المساحة التي تم استئجارها من أجل إتاحة الفرصة أمام الجميع للاطلاع عليها واستعراضها.

وببساطة شديدة، يعني مصطلح النشر على الويب أن تكون لديك وحدة الخدمة الخاصة المتصلة بشبكة الويب العالمية (أو مساحة يتم استئجارها على جهاز الحاسب

الخاص بشخص آخر)، وأن تقوم بنشر ما تريد من بيانات عليها. وفي الواقع، يلجأ العديد من الأفراد إلى استئجار مساحات من وحدة الخدمة الخاصة بشخص آخر، كما هو الحال في المؤسسات الكبرى.

ما المقصود بمتصفح الويب إنترنت إكسبلورار الخاص بشركة مايكروسوفت (Microsoft)؟

في الواقع، جاء إدراك شركة **مايكروسوفت (Microsoft)** للإمكانيات الكامنة في الإنترنت متأخرًا بعض الشيء. ولكنها سرعان ما تفهمت أهمية التعامل عن طريق هذه الشبكة المعلوماتية الضخمة. فقامت الشركة بطرح إصدار من برامج التصفح اتخذ اسم متصفح إنترنت إكسبلورار، والميزة في هذا البرنامج أنه يأتي مرفقًا مع الإصدارين ٩٨ و ٢٠٠٠ من برنامج نظام التشغيل ويندوز. ومن ثمَّ، فلست في حاجة إلى أي برنامج إضافي لتتمكن من الدخول على الإنترنت.

(٧-١-١-١) فتح برنامج خاص بتصفح الويب

لفتح متصفح إنترنت إكسبلورار الخاص بشركة مايكروسوفت (Microsoft)

انقر نقرًا مزدوجًا على أيقونة Internet Explorer المعروضة على سطح المكتب.

الأيقونات الموجودة على شريط الأدوات	الوظيفة
Internet Explorer	
Back	إعادة عرض الصفحة السابقة التي تم زيارتها
 Forward	عرض الصفحة الآتية (على افتراض أنك انتقلت بمقدار ما يعادل صفحة)

إيقاف عملية تنزيل المعلومات من الموقع الحالي. يفيد استخدام هذا الزر عند زيارة موقع ذي سرعة تحميل بطيئة وأردت إلغاء تحميل هذه الصفحة.

إعادة تحميل المعلومات من موقع الويب الحالي.

الانتقال بالمستخدم إلى صفحة البداية الافتراضية، من الممكن إعداد هذه الصفحة بحيث تكون أية صفحة في أي موقع من مواقع الويب ويُفضَل أن تكون الصفحة الافتراضية هي الصفحة الأولى للموقع الحالي.

البحث عبر الإنترنت. عند النقر على هذه الأيقونة، ستتاح لك إمكانية الوصول إلى عدد من المواقع تعطي إمكانية البحث عبر الإنترنت يطلق عليها اسم آليات البحث، كبرنامجي **Lycos** و**Excite**. وما يحدث عند استخدام هذه الآليات أن المستخدم يقوم بإدخال كلمة أو عبارة تُعرض على إثرها قائمة بالمواقع أو المستندات التي تحتوي على معلومات تتطابق مع معايير البحث التي تم إدخالها.

عرض قائمة بمواقع الويب المفضلة لدى المستخدم (الإشارات المرجعية)، بحيث يكون في استطاعته زيارة هذه المواقع بسهولة فيما بعد

طباعة صفحة الويب المعروضة على الشاشة.

تلميح: إذا كانت صفحة الويب المعروضة على الشاشة منسقة على شكل مقاطع (بحيث تكون مقسمةً إلى أجزاء يتم الفصل بينها في الغالب عن طريق أشرطة التمرير)، فلا بد من النقر على الجزء الذي تريد طباعته.

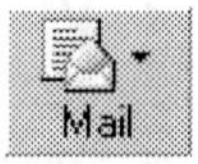

السماح باستخدام برامج البريد الالكتروني ومجموعات الأخبار الموجودة

السماح بالدخول إلى مجموعات المناقشة المتاحة عبر الإنترنت

التعرف على دلالة وتركيب العنوان الخاص بموقع الويب

مواقع الويب والعناوين الخاصة بها (URLs)

يتكون موقع الويب ببساطة من تلك البيانات المخزنة على وحدة خدمة الويب والتي يتاح أمر الوصول إليها لجميع متصفحي الإنترنت. على سبيل المثال، تمتلك شركة **مايكروسوفت** (Microsoft) موقع الويب الخاص بها والذي يمكن عن طريقه تنزيل معلومات وبرامج خاصة بالشركة. وبالنسبة للعنوان الخاص بموقع الويب، فيتم منحه عن طريق ما يُعرف باسم الباحث العام عن **المصادر** (URL). وعادةً ما يكون التركيب الخاص بعنوان موقع الويب دقيقًا للغاية. على سبيل المثال، إذا رغبت في استخدام متصفح الويب لزيارة موقع الويب الخاص بشركة **مايكروسوفت** (Microsoft)، فلا بد من كتابة العنوان الآتي:

com.microsoft.http://www

وقياسًا على ذلك، لو رغبت في زيارة موقع الشركة التي قامت بوضع هذه المادة التدريبية، فعليك أن تستخدم العنوان الآتي:

com.cctglobal.http://www

ونظرًا للأعداد الكبيرة من المنظمات والهيئات التي تمتلك الآن المواقع الخاصة بها على الإنترنت، شاع تطور استخدام آليات البحث، والتي تمكن من إدخال كلمة أو عبارة ذات صلة بالموضوع الذي تبحث عنه ليتم على إثر ذلك عرض المواقع التي تتطابق مع معايير البحث التي تم تحديدها. وعلى الرغم من ذلك يمكن أن تسبب النتائج إرباكا كبيرًا للمستخدم. فعلى سبيل المثال: عن طريق كلمات البحث الآتية: *"PC courseware"*

، سيؤدي إلى عرض قائمة بنحو ما يقرب من أربعة ونصف مليون موقع يتضمن في محتواه هذه الكلمات.

ما المقصود بالارتباط التشعبي؟

الارتباط التشعبي عبارة عن جزء من النص (أو الرسم) الموجود في صفحة الويب، يتم عند النقر عليه تنفيذ إحدى المهام الآتية بشكل تلقائي:

١- الانتقال إلى جزء مختلف داخل الصفحة نفسها؛

٢- الانتقال إلى صفحة مختلفة داخل موقع الويب؛

٣- الانتقال إلى صفحة في موقع ويب مختلف؛

٤- السماح بتنزيل أحد الملفات؛

٥- تشغيل أحد التطبيقات، سواءٌ ما تعلق منها بالفيديو أم بالصوت.

ويعرض المثال التوضيحي الآتي جزءًا من إحدى صفحات الويب. وتمثل الكلمات التي تحتها خط، ارتباطات تشعبيه، والوضع الافتراضي عادةً في هذه الروابط النصية أن تكون زرقاء وتحتها خط.

ما المقصود بـ "الصفحة الرئيسة" لموقع الويب؟

تحتوي معظم مواقع الويب على صفحة افتتاحية تُعرف باسم الصفحة الرئيسة؛ إلا انك عندما تقوم بتصفح أحد المواقع، باستخدام إحدى آليات البحث، فإنك غالبا ما تنتقل إلى صفحة غير الصفحة الرئيسة؛ لذا، إذا لمحت زرًا (أو نصًا) في موقع الويب يعرض الكلمة *HOME*، انقر عليه للانتقال مباشرةً إلى صفحة البداية في هذا الموقع والمعروفة باسم الصفحة الرئيسة.

وقد حددت شركة **مايكروسوفت** (Microsoft) الصفحة الرئيسة لموقعها الخاص بها، لتكون الصفحة التي يتم عرضها بشكل افتراضي بمجرد بدء تشغيل برنامج التصفح انترنت اكسبلورار.

عرض صفحة ويب محددة

لعرض صفحة محددة من صفحات الويب

شغل برنامج إنترنت إكسبلورار، ثم في الجزء Address من إطار البرنامج ادخل العنوان الكامل لما تريد عرضه.

فعلى سبيل المثال: إذا أردت زيارة الصفحة الرئيسة للموقع الخاص بشركة شيتلنهام كمبيوتر تريننج، سيكون عليك إدخال العنوان الآتي:

com.cctglobal.http://www

تغيير الصفحة الرئيسة لمتصفح الويب

لإعداد الصفحة الرئيسة لمتصفح الويب:

١- انقر على قائمة Tools المنسدلة؛

٢- انقر على الأمر Internet Options؛

٣- انقر على علامة التبويب General داخل **مربع الحوار** Internet Options؛

٤- إذا رغبت في استخدام الصفحة المعروضة في الوقت الحالي كصفحة افتتاحية، انقر **على زر** Use Current؛

٥- إذا رغبت في استخدام الصفحة الافتراضية لشركة **مايكروسوفت** (Microsoft)، ادخل العنوان الكامل لموقع الشركة في **مربع** Address؛

٦- انقر على زر OK لإغلاق **مربع الحوار** Internet Options.

حفظ صفحة الويب كملف

حفظ صفحة الويب

لحفظ صفحة الويب المعروضة داخل إطار المتصفح، انقر على **قائمة** File المنسدلة **وحدد الأمر** Save As. سيؤدي هذا إلى عرض **مربع الحوار** Save Web Page.

بإمكانك أن تستخدم اسم الملف الافتراضي المعروض أو تدخل اسمًا جديدًا من اختيارك داخل الجزء File name من مربع الحوار.

يمكنك أيضا حفظ الملف كملف نص تشعبي، باستخدام الامتداد الافتراضي لهذا النوع من الملفات والمتمثل في HTM (أو HTML). أو حفظ الملف بتنسيق آخر، كأن يتم حفظه ـ مثلاً ـ كملف بامتداد TXT. وأيًا كان التنسيق الذي ترغب لحفظ الملف، انقر على السهم المتجه لأسفل والموجود إلى اليمين من الجزء Save as type داخل مربع الحوار، ثم حدد نوع التنسيق الذي تريده.

لحفظ الملف، انقر على زر Save الموجود أيضًا داخل مربع الحوار.

استخدام نظام التعليمات الخاص بالتطبيق (متصفح الويب)

لاستخدام نظام التعليمات المباشر

انقر على الزر الخاص بالقائمة المنسدلة Help ثم حدد الأمر Tour. سيمكنك ذلك من الدخول على جزء من موقع الويب الخاص بشركة **مايكروسوفت** (Microsoft)، يتاح لك عن طريقه الوصول إلى أية معلومات تريدها حول موضوع من الموضوعات كتصفح الويب ـ مثلاً.

تعديل الإعدادات الأساسية (تغيير أنماط العرض الرئيسة)

تغيير نمط العرض

يؤدي الضغط على مفتاح F11 إلى التبديل فيما بين نمط العرض standard screen ونمط العرض full screen. في طريقة العرض full screen، لن تتمكن من رؤية شريط المهام الخاص بنظام التشغيل ويندوز في الجزء السفلي من الشاشة، وكذلك القوائم القياسية المنسدلة.

ستبدو طريقة العرض standard screen على هذا النحو:

في حين ستبدو طريقة العرض
full screen على هذا النحو:

استعراض التعليمات المكتوبة بلغة HTML

يتم عادة عرض المحتوى النصي والرسومي لصفحة الويب التي أنت بصدد استعراضها داخل إطار المتصفح. وإذا أردت استعراض التعليمات المكتوبة بلغة HTML والمسؤولة عن عرض صفحة الويب بالشكل الذي تراه. انقر على قائمة **View** ثم حدد الأمر **Source**. سيتم عرض التعليمات داخل الإطار الخاص ببرنامج **Notebook**.

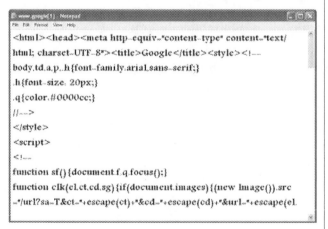

```
<html><head><meta http-equiv="content-type" content="text/
html; charset=UTF-8"><title>Google</title><style><!--
body,td,a,p,.h{font-family:arial,sans-serif;}
.h{font-size: 20px;}
.q{color:#0000cc;}
//-->
</style>
<script>
<!--
function sf(){document.f.q.focus();}
function clk(el,ct,cd,sg){if(document.images){(new Image()).src
="/url?sa=T&ct="+escape(ct)+"&cd="+escape(cd)+"&url="+escape(el.
```

تعديل النمط المعروضة به أشرطة الأدوات

تخصيص أشرطة الأدوات

توفر أشرطة الأدوات الموجودة في متصفح إنترنت إكسبلورار إمكانية تحديد الأوامر والسمات بطريقة سهلة وسريعة. وعلى الرغم من أن هناك أشرطة أدوات افتراضية، إلا أنه بإمكانك تخصيص هذه الأشرطة بحيث تشتمل على الأيقونات الخاصة بالأوامر التي تستخدمها بشكل أكثر من غيرها، وبإمكانك كذلك عرض العديد من أشرطة الأدوات معا.

أسلوب سريع في عرض أو إخفاء أشرطة الأدوات

تلميح: يمكنك عرض أو إخفاء أشرطة الأدوات بسرعة، عن طريق النقر بزر الفأرة الأيمن على أي شريط من أشرطة الأدوات الموجودة حيث يؤدي ذلك إلى عرض قائمة Toolbars المنسدلة، والتي يتم عن طريقها تحديد أو إلغاء تحديد أي شريط من أشرطة الأدوات.

إضافة أو حذف إحدى الأيقونات الخاصة بشريط الأدوات

لإضافة أيقونة إلى أحد أشرطة الأدوات المعروضة، انقر على View، ثم حدد الأمر: Toolbars ثم من القائمة الفرعية اختر Customize. سيؤدي هذا إلى عرض مربع الحوار Customize Toolbar على النحو المعروض أدناه. حدد الزر الخاص بشريط الأدوات ثم انقر على زر Add ليتم إضافة الأيقونة إلى شريط الأدوات.

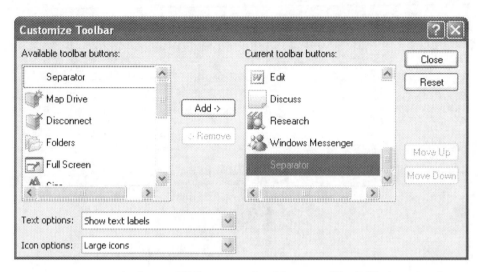

بمجرد الانتهاء من إضافة الزر الذي تريده، انقر على زر Close لإغلاق مربع الحوار Customize Toolbar.

عرض الصور داخل صفحة الويب

يسمح الوضع الافتراضي في متصفح إنترنت إكسبلورار من شركة **مايكروسوفت** (Microsoft) بعرض أية صورة مدرجة داخل صفحة الويب بشكل تلقائي. ويمكنك القيام بإلغاء تنشيط هذه السمة للإسراع بعملية تحميل صفحات الويب.

لضبط متصفح إنترنت إكسبلورار بحيث لا يتيح إمكانية عرض الصور

انقر على قائمة Tools المنسدلة ثم حدد الأمر Internet Options.

انقر على علامة التبويب Advanced المعروضة داخل مربع الحوار.

اسحب شريط التمرير لأسفل إلى حين أن يظهر الخيار Show Pictures.

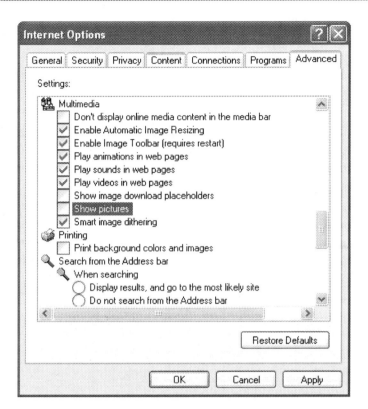

سيؤدي إلغاء تحديد هذا الخيار إلى قيام أداة التصفح بتحميل الصفحات دون عرض أية صور يُحتمل أن تشتمل عليها هذه الصفحات.

قد تحتاج إلى إغلاق برنامج تصفح الانترنت وإعادة تشغيله من أجل مشاهدة النتائج الخاصة بهذا التغيير.

لضبط متصفح إنترنت إكسبلورار بحيث يتيح إمكانية عرض الصور

انقر على قائمة Tools المنسدلة ثم حدد الأمر Internet Options.

انقر على علامة التبويب Advanced المعروضة داخل مربع الحوار.

اسحب شريط التمرير لأسفل إلى حين أن يظهر الخيار Show Pictures.

تأكد من أن هذا الخيار قد تم تحديده، ثم انقر على زر OK لإغلاق مربع الحوار.

قد تحتاج إلى إغلاق برنامج تصفح الانترنت وإعادة تشغيله لمشاهدة النتائج المترتبة على هذا التغيير.

إلغاء إمكانية تحميل ملفات الصور داخل صفحة الويب

إلغاء الإمكانية الخاصة بتحميل الرسومات داخل صفحة الويب

بإمكانك ـ متى شئت ـ أن تقوم بإلغاء عرض الصور والرسومات داخل برنامج إنترنت إكسبلورار. للقيام بذلك:

انقر على زر قائمة Tools ثم حدد الأمر Internet Options من القائمة المنسدلة. سيتم نتيجةً لذلك عرض مربع حوار يحمل الاسم Internet Options. من داخل هذا المربع، حدد علامة التبويب Advanced، واسحب شريط التمرير لأسفل إلى حين أن يتم عرض الخيار Show Picture. تأكد من عدم تحديد مربع الاختيار Show pictures، ثم اغلق مربع الحوار عن طريق النقر على زر OK. عند استخدامك لهذا الخيار، سيتم عرض إطارات مستطيلة الشكل في المواضع الخاصة بالصور. هناك البعض ممن يلجئون إلى هذا الخيار لتصفح موقع الويب، تبعًا للحقيقة التي تقضي بأن سرعة تحميل صفحات الويب تكون أكبر حينما لا يكون هناك ضرورة لتحميل ملفات الرسومات الضخمة.

آلية استعراض الويب

كيفية الوصول إلى العنوان الخاص بموقع الويب؟

فتح العنوان الخاص بأحد المواقع وجمع البيانات اللازمة

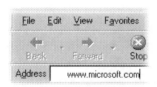

الدخول مباشرةً على صفحة الويب

إذا كان لديك عنوان خاص بإحدى الصفحات، كالعنوان الآتي على سبيل المثال: com.*microsoft*.http://www، سيكون بإمكانك ببساطة أن تكتب هذا العنوان في شريط **Address** والذي يظهر في الجزء العلوي من الإطار الخاص بمتصفح إنترنت إكسبلورار. وعند الضغط على مفتاح **Enter**، سيتم على الفور عرض موقع الإنترنت المطلوب.

جمع البيانات من صفحة الويب

بمجرد أن يتم عرض صفحة الويب على الشاشة، سيكون بإمكانك فحص المعلومات المعروضة وتسجيلها. وسيكون بإمكانك كذلك حفظ الملف. فعلى سبيل المثال، إذا أردت الحصول على أحدث الأخبار والمعلومات حول جامعة البلقاء التطبيقية (التي يتم تحديثها بصفة مستمرة من حين لآخر)، فعليك الدخول على موقع الويب الخاص بالجامعة، وعنوانه: ***jo.edu.bau.http://www***

وستبدو الصفحة الرئيسة كما في الشكل الآتي: (ضع في اعتبارك أن التصميم والشكل الخارجي لهذه الصفحة ربما يتغير من وقت لآخر).

ضع المؤشر على الرابط About BAU

ستنسدل قائمة كما يلي:

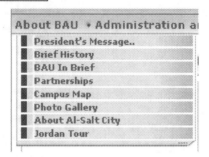

اختر إحدى هذه العناوين، مثل President's Message.. وسيؤدي هذا إلى عرض محتويات الصفحة المطلوبة، كما هو موضح في الشكل الآتي:

لنسخ البيانات من صفحة الويب

حدد البيانات التي تريد نسخها في الحافظة وللقيام بذلك، ضع مؤشر الفأرة على يسار البيانات التي تريد نسخها ثم اضغط على زر الفأرة الأيسر، واستمر بالضغط مع سحب المؤشر إلى يمين وأسفل الشاشة إلى حين أن تنتهي من تحديد النص المطلوب ثم أترك زر الفأرة بعد ذلك، اضغط على مفتاحي Ctrl والحرف C معا (مفتاح الاختصار – الطريقة السريعة- لنسخ البيانات التي تتم إلى الحافظة في نظام التشغيل ويندوز). تستطيع بعد ذلك أن تفتح أي برنامج آخر، على سبيل المثال، أحد البرامج الخاصة بمعالجة الكلمات، ولصق هذه البيانات في مستند آخر (باستخدام مفتاح الاختصار الآتي: Ctrl+V). وتؤدي هذه الطريقة أيضا، في العديد من إصدارات متصفح إنترنت إكسبلورار، إلى نسخ الصور المحددة.

نسخ محتويات الشاشة كاملة في الحافظة

اعرض الصفحة التي تريدها داخل إطار متصفح الويب، وبعد ذلك اضغط على مفتاح Print Screen، حيث سيؤدي الضغط على هذا المفتاح إلى نسخ جميع المحتويات المعروضة حاليًا على الشاشة داخل حافظة نظام التشغيل ويندوز، وسيتم نسخ هذه البيانات في شكل صورة (حتى البيانات النصية منها)، وهذه هي الكيفية التي يتم بها إنشاء صور الشاشات المعروضة في هذا الكتاب.

لحفظ صورة معروضة داخل موقع ويب

اعرض إحدى صفحات الويب المشتملة على صورة ففي المثال الموضح هنا، تم عرض صفحة من موقع جامعة البلقاء التطبيقية.

في هذا المثال، نرى مجموعة من الصور في كلية عجلون الجامعية. انقر بزر الفأرة الأيمن على الصورة تريد حفظه في ملف، فيؤدي ذلك إلى عرض قائمة منبثقة كما هو موضح في الشكل الآتي:

اختر الأمر Save Picture As من هذه القائمة المنبثقة، والذي سيؤدي بدوره إلى عرض مربع الحوار Save Picture. ثم حدد الموضع الذي تريد حفظ الملف فيه (عن طريق النقر على الجزء Save in في مربع الحوار وتحديد الخيار المناسب)، ثم انقر على زر Save.

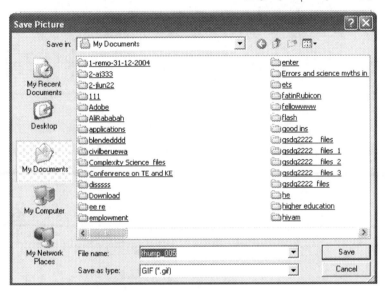

في المثال السابق، سيتم حفظ الملف بالاسم GIF).(ECDL داخل مجلد My Document. وبذلك سوف يكون بإمكانك لاحقا استخدام هذا الملف في أي من البرامج التي تدعم استخدام الرسوم.

فتح ارتباط تشعبي أو رابط صورة والعودة إلى الصفحة الأصلية

استعراض موقع الويب

سوف تقوم في المثال المعروض هنا، بفتح الصفحة الرئيسة لموقع الويب الخاص بشركة مايكروسوفت (Microsoft)، وعنوانها: *com.microsoft.http://www*

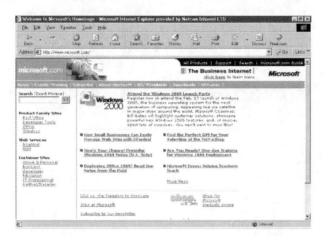

افتراضيا يشير النص المعروض باللون الأزرق والموضوع تحته خط إلى ارتباط تشعبي. وفي الواقع، يؤدي النقر على هذه الارتباطات التشعبية إلى الانتقال بالمستخدم إلى صفحة أخرى من صفحات الويب. ومن خصائص التصميم الجيد لموقع الويب أن تشتمل صفحات الموقع على رابط، عبارة عن زر أو نص، يحمل عادة الاسم Home (أو كلمة شبيهة بذلك). وعن طريق هذا الرابط يتم الانتقال مرةً أخرى إلى الصفحة الرئيسة الخاصة بالموقع (صفحة البداية).

في هذا المثال نلاحظ وجود رسمٌ معروضةٌ عليه العبارة The Business Internet.

وعند الوقوف بمؤشر الفأرة عليها، يتغير شكل المؤشر إلى يد، مما يدل على أن هذا الرسم عبارة عن ارتباط تشعبي من النوع الرسومي.

وعند النقر على هذا الارتباط التشعبي يتم الانتقال إلى الصفحة الموضحة في الشكل الآتي:

استخدام زر 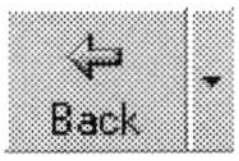 Back

يمكنك العودة إلى صفحة الويب الأخيرة التي تم زيارتها بسرعة، عن طريق النقر على زر Back المعروض في إطار متصفح إنترنت إكسبلورار. وربما يكون هذا هو السبيل الوحيد للخروج من الصفحة الجاري تصفحها.

تلميح: يؤدي النقر على السهم المتجه لأسفل والموجود إلى اليمين من زر Back إلى عرض قائمة بآخر الصفحات التي تم زيارتها. حيث يتيح ذلك إمكانية الانتقال بسرعة وسهولة إلى أية صفحة سابقة ـ لا سيما إذا حدث وان قمت بالدخول على أحد المواقع ولم تجد وسيلة للخروج منها.

استعراض موقع معين وجمع بيانات منه

طرق تنزيل البيانات في هذا المثال، سنقوم بالدخول على موقع الويب الخاص بشركة أدوبي (**Adobe**) وتنزيل أحد البرامج؛ ويدعى برنامج **Adobe Acrobat Reader**.

يوجد موقع الويب الخاص بشركة أدوبي (**Adobe**) على العنوان الآتي: ***com.adobe.http://www***

ملحوظة: إذا حاولت الدخول على هذا الموقع، ربما تلاحظ بعض التغييرات التي طرأت على الشكل الخارجي والتصميم الخاص به، ويرجع السبب في ذلك إلى طبيعة مواقع الويب بصفة عامة والتي عادةً ما تخضع لعمليات تحديث وتغيير بشكل دائم.

وبعد البرنامج الذي نحن بصدد تنزيله الآن، من البرامج المفيدة جدا عند تصفح واستعراض مواقع الويب حيث يوجد الآن العديد من المستندات الضخمة المحفوظة بتنسيق **Adobe Acrobat** والتي ستحتاج إلى هذا البرنامج المجاني **Acrobat Reader** تحديدًا للتمكن من قراءتها واستعراضها.

وفيما يلي الصفحة الرئيسة لموقع الويب الخاص بشركة أدوبي(**Adob**):

سيؤدي النقر على زر Products الموجود بالقرب من الجزء العلوي إلى عرض الصفحة الآتية:

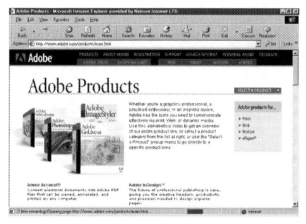

سيؤدي النقر على الرابط الخاص ببرنامج Acrobat Reader إلى عرض الشاشة الآتية:

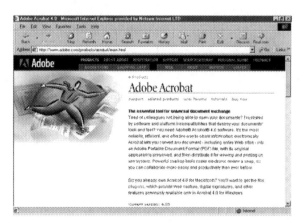

اسحب شريط التمرير لأسفل لتتمكن من رؤية الجزء الآتي من الصفحة:

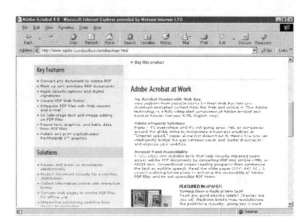

انقر على الرابط Try Acrobat Reader، فيتم عرض الشاشة الآتية:

وأخيرًا، عندما تصل إلى الصفحة الخاصة بعملية التنزيل، ادخل المعلومات المطلوبة وسوف تتمكن بعد ذلك من تنزيل البرنامج.

البحث عبر الويب

محركات البحث شائعة الاستخدام

محركات البحث الأكثر شيوعًا	فيما يلي قائمة بمحركات البحث الأكثر	
	شيوعًا: Alta Vista	com.altavista.http://www
	Excite	com/.excite.http://www
	D.O.G	uk/.co.god.http://www
	Google	com.google.www
	HotBOT	com/.hotbot.http://www
	أين	com.ayna.www
	Go / Infoseek	com/.http://go
	Lycos	com.lycos.http://www
	UK Plus	uk.co.ukplus.http://www
	Web Crawler	com/.webcrawler.http://www
	Yahoo	com/.yahoo.http://www
	Yell -UK Yellow Pages	uk.co.http://yell

تحديد المتطلبات الخاصة بعملية البحث

يعتقد العديد من الناس أنه عند استخدام إحدى محركات البحث، كمحرك البحث Alta Vista مثلاً، أن تتولى محرك البحث التنقيب عبر شبكة الويب العالمية بالكامل عن المعلومات المطلوبة وعرضها. لذلك، فإن أول ما يجب أن يحيط به المرء علمًا أن محرك بحث مثل Alta Vista تقوم بالبحث فقط عبر قائمة خاصة بها تشتمل على المواقع التي تم تسجيلها في محرك البحث هذه فقط. ويفسر هذا ـ ولو بشكل جزئي ـ أسباب الاختلافات الواسعة التي يمكن أن يجدها الفرد أحيانًا عند إجراء عملية البحث باستخدام محركات بحث مختلفة. وعلاوةً على هذا، تعتمد كل محرك بحث معايير مختلفة لترتيب نتائج البحث، وبالآتي عرضها على الشاشة. وغالبا يتم عرض المواقع التي تحقق المعايير، التي حددها المستخدم، مع موجز مختصر عن كل منها في صفحات التمحرك تحتوي الصفحة منها على عدة مواقع.

البحث باستخدام الكلمات الرئيسة

لا تستخدمْ كلمة بحثٍ واحدة!

من الأفضل عند التعامل مع محركات البحث أن تستخدم كلمتي بحث (أو أكثر) أو ربما عبارة قصيرة موجزة بدلاً من استخدام كلمة واحدة. وحاول أن تستخدم كلمات مميزة وفريدة ذات صلة مباشرة بالموضوع الذي أنت بصدد البحث عنه. على سبيل المثال، لنفترض أنك تبحث عن معلومات بشأن التدريب على استخدام برامج الحاسب. في هذه الحالة، يجب أن تبحث باستخدام العبارة computer training وليس training فقط، والتي ستؤدي بك إلى توسيع مجال البحث بغير داعٍ ليشمل جميع عمليات التدريب على اختلاف أنواعها.

البحث باستخدام معاملات التشغيل المنطقية الشائعة

استخدام رمـزي (+) و(") لتضييق

نطاق البحث

إذا كنت تجري عملية البحث عن طريق كلمتين مثل: **computer training**، فسوف تنتهي غالبًا عملية البحث بعرض جميع الصفحات التي وردت فيها الكلمات **compute** أو **training** أو**computer training**. وسوف يشمل هذا جميع أنواع التدريب، وليس فقط ما يتعلق منها بمجال التدريب على استخدام الحاسب.

للتغلب على هذه المشكلة، تسمح العديد من محركات البحث بإدراج الرمز (+) بين الكلمات، حيث يعني هذا أنك تريد البحث فقط عن الصفحات المشتملة على هذه الكلمات مجتمعةً.

يفضل، في بعض الأحيان، أن تضع عبارة البحث بين علامتي الاقتباس (). للتأكيد على أنك ترغب في البحث عن العبارة التي أدخلتها كما هي تماما. ومن هنا، إذا بحثت ـ مثلاً ـ عن **Cheltenham Computer Training** باستخدام علامات الاقتباس على هذا النحو، فسوف يكون من السهل حينئذٍ أن تعثر على موقع هذه الشركة بصورة أكثر يسرًا عما لو لم تستخدم هذه العلامات.

تقدم غالبية محركات البحث نصائح وتعليمات حول الأساليب الكفيلة بتقنين وتحسين أسلوب البحث، فعلى سبيل المثال ـ يتم عرض التعليمات التمحرك عند تشغيل محرك البحث **Alta Vista**:

Images

حيث سيؤدي النقر على الرابط **Help** إلى عرض المزيد من المعلومات.

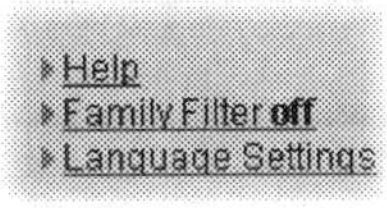

Help
Family Filter off
Language Settings

ملحوظة: سوف تتباين الخيارات المعروضة قليلاً من محرك بحثٍ لأخرى. لذا، عليك دائمًا أن تلجأ إلى استخدام نظام التعليمات المتاح عبر الشبكة.

حاول استخدام استعلامات مكتوبة باللغة العادية.

اكتب عبارةً أو سؤالاً كهذا:

Where can I find information about the ECDL?

استخدم عبارةً بعينها.

إذا تمكنت من تحديد عبارة بعينها في نص المعلومات التي تبحث عنها،

اكتب هذه العبارة بين علامتي اقتباس، كما هو الحال هنا في هذا المثال:

ECDL Training

احرص على كتابة نص البحث بالأحرف الصغيرة:

عند استخدام الأحرف الصغيرة في نص البحث، يقوم محرك البحث تلقائيًا بالبحث عن النتائج المتطابقة مع النص ـ سواءٌ المكتوب منها بأحرف كبيرة أم صغيرة. أما حينما تلجأ إلى استخدام الأحرف الكبيرة، فإن محرك البحث يكتفي بعرض النتائج المكتوبة بالأحرف الكبيرة فقط.

مثالٌ توضيحي:

عندما تكون بصدد البحث باستخدام كلمة مثل california، ستحصل على صفحات إنترنت بها أي من الكلمات التمحرك: California وcalifornia وCALIFORNIA. أما إذا أدخلت نص البحث نفسه بحرف استهلالي كبير (California)، فلن تحصل إلا على الصفحات التي وردت بها الكلمة نفسها بحروف استهلال محرك كبيرة،وهي: California.

قم بتضمين كلمات أو استبعادها.

للتأكد من أن كلمة معينة ستكون دائمًا مضمنَّة في عملية البحث، ضع علامة (+) قبلها مباشرةً (دون ترك أية مسافات). أما إذا أردت التأكد من أن كلمة معينة سيتم استبعادها دائمًا في عملية البحث، ضع علامة (-) قبل الكلمة مباشرةً (دون ترك أية مسافات).

مثال: للعثور على التفاصيل الخاصة بطريقة صنع كعكة الشوكالاتة دون إضافة شرائح الحلوى أو الفاكهة، حاول إدخال كلمات البحث التمحرك:

recipe cookie+chocolate -chips

احرص على استخدام الرموز البديلة. بوضعك للعلامة النجمية (*) في نهاية الكلمة، تستطيع البحث عن أشكال متعددة من الكلمة.

مثال: اكتب **big*** للبحث عن **big** و**bigger** و**biggest** و**bigwig**.

استخدم الرموز الخاصة وعلامات الترقيم.

في عملية البحث التي يتم إجراؤها باستخدام محرك البحث **Alta Vista** تعرف الكلمة على أنها مجموعة من الأحرف أو الأرقام التي يفصلها عن غيرها أي مما يلي:

المساحات التمحرك كالمسافات التي يتم إدراجها باستخدام مسطرة المسافات أو مفتاح **Tab** أو تلك التي يتم إدراجها في نهايات الأسطر وفي بداية أو نهاية أي مستند.

الرموز الخاصة وعلامات الترقيم كالحال ـ مثلاً ـ في % و$ و/ و# و_ وغيرها.

في محرك البحث **Alta Vista**، يتم التعامل مع علامة الترقيم على أنها فاصل يتم إدراجه فيما بين الكلمات. ومن ثمَّ، فإن وضع علامة ترقيم أو رمز خاص فيما بين كل كلمة والأخرى (دون ترك مسافات فيما بين الأحرف وبعضها بعضا أو فيما بين الكلمات) يعد طريقة أخرى لكتابة عبارة البحث. على سبيل المثال، يعتبر إدخال عبارة **Jean-Luc Picard** أيسر من إدخال **Jean Luc Picard**؛ فعلى الرغم من صحة الإدخال الثاني إلا أنه يتطلب المزيد من عمليات الضغط على لوحة المفاتيح. وعلى أية حال، فإن الكلمات التي يتم الفصل بينها باستخدام مثل هذه الشرطات، كالحال ـ مثلاً ـ في **x-file**، تعتبر أيضًا عبارات نظرًا لوجود الشرطة الفاصلة.

كن حذرا عند استخدام الرموز الخاصة للإشارة إلى عبارات، وتجنب استخدام كل من (*) و(+) و(-) حيث إنَّ لكل رمز وعلامة منها وظيفته الخاصة كما ورد أعلاه.

وربما يستقر رأيك على استخدام علامات الاقتباس المزدوجة، فقط لتجنب الوقوع في أي التباس أو حيرة.

أسلوب البحث المتميز في Alta Vista

سنوضح في الأمثلة القادمة أهمية استخدام محركات البحث المتقدمة.

ملحوظة: تتوافر الخيارات أدناه في محرك البحث **Alta Vista** فقط. ويمكنك الاستعانة بنظام التعليمات المتوفر في محركات البحث التي تستخدمها للتعرف على الخيارات المتاحة بها.

الكلمة الرئيسة الوظيفة

anchore:text البحث عن الصفحات التي تحتوي على الكلمة أو العبارة المحددة في نص أحد الارتباطات التشعبية. فعبارة بحث مثلا:

com .anchore: Click here to visit garden ستؤدي إلى البحث عن جميع الصفحات التي تشتمل على عبارة **com .Click here to visit garden** كرابط تشعبي.

applet:class البحث عن الصفحات التي تحتوي على أحد تطبيقات **Java** المصغرة. استخدم **applet:morph** للبحث عن الصفحات التي تُستخدم فيها تطبيقات مصغرة تُعرف باسم **morph.**

domain: domainname البحث عن الصفحات الموجودة في نطاق محدد. استخدم **domain:uk** للبحث عن الصفحات الموجودة في المملكة المتحدة، أو استخدم **domain:com** للبحث عن الصفحات في المواقع التجارية.

host:name البحث عن الصفحات على جهاز كمبيوتر محدد. سيؤدي البحث باستخدام ***com.shopping.host:www*** إلى عرض قائمة بالصفحات الموجودة على جهاز

الحاسب com.Shopping، في حين سيؤدي البحث باستخدام *com.unitedmedia.host:dilbert* إلى عرض الصفحات الموجودة على جهاز الحاسب **dilbert** في العنوان الآتي: ***com.unitedmedia***.

filename: image البحث عن الصفحات التي تحتوي على صور ذات أسماء ملفات محددة. استخدم **image:beaches** للبحث عن الصفحات المشتملة على صور بالاسم **beaches**.

link:URLtext البحث عن الصفحات المشتملة على رابط لعنوان صفحة محددة. سيؤدي إدخال عبارة البحث التمحرك: *com.zip٢.link:www* إلى العثور على جميع الصفحات التي تشتمل على رابط يؤدي إلى **com.Zip٢**.

text:text البحث عن الصفحات التي تحتوي على النص المحدد في أي جزء منها باستثناء ما ورد في علامات الترميز الخاصة بالصور أو الروابط أو عناوين الموقع. سيؤدي إدخال عبارة البحث التمحرك: **text:graduation** إلى عرض جميع الصفحات المشتملة على مصطلح **graduation**.

title:text البحث عن جميع الصفحات التي تحتوي على العبارة المحددة (لاحظ انه في معظم أدوات التصفح يظهر العنوان في شريط خاص يسمى شريط العنوان) سيؤدي استخدام **title:sunset** إلى البحث عن الصفحات التي يشتمل عنوانها على الكلمة **sunset**.

url:text البحث عن الصفحات المنبثقة عن مواقع عناوينها تحتوي على الكلمة أو العبارة المحددة. استخدم **url:zip٢** للبحث عن جميع الصفحات الموجودة على وحدات خدمة الويب المختلفة والتي تشتمل على الكلمة **zip٢** ضمن الاسم الخاص بجهاز الحاسب المضيف أو المسار أو اسم الملف أي ضمن عنوان الموقع الكامل بعبارة أدق.

عمليات الطباعة

معاينة المستند

لا تتوفر إمكانية معاينة قبل الطباعة في معظم أدوات التصفح المتاحة، وكل ما تحتاجه كمستخدم،
ببساطة، أن تلقي نظرةً على صفحة الويب وتقرر بعدها فيما إذا كنت تريد طباعتها كما هي عليه.

تعديل خيارات إعداد الصفحة

لضبط الإعدادات الخاصة بالصفحة باستخدام متصفح إنترنت إكسبلورار من مايكروسوفت من داخل
متصفح إنترنت إكسبلورار التابع لشركة **مايكروسوفت** (Microsoft)، انقر على زر قائمة File ثم حدد الأمر
Page Setup من القائمة المنسدلة ليتم بذلك عرض مربع الحوار Page Setup.

من هذا المربع، تستطيع تحديد حجم الورقة واتجاهها والهوامش، وتستطيع أن تختار أيضًا ما بين
استخدام وعدم استخدام رأسٍ وتذييلٍ للصفحة.

طباعة صفحة ويب باستخدام خيارات الطباعة الرئيسة

لطباعة صفحة معروضة داخل متصفح إنترنت إكسبلورار انقر على أيقونة Print المعروضة على أشرطة الأدوات الخاصة بالبرنامج. أما إذا أردت مزيدًا من التحكم في عملية الطباعة، فانقر على زر القائمة المنسدلة File، ثم حدد منها الأمر Print. سيؤدي هذا إلى عرض مربع الحوار Print، الذي تستطيع عن طريقه تحديد خياراتٍ مثل: عدد الصفحات التي تريد طباعتها، واسم الطابعة التي تريد أن تستخدمها.

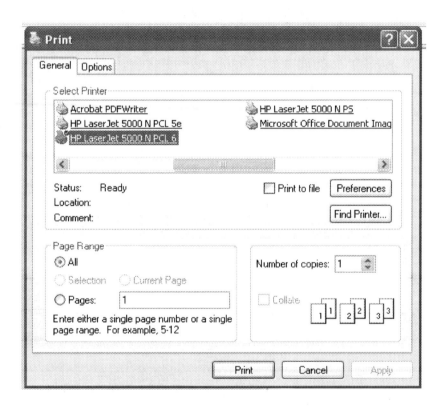

طباعة موقع ويب مؤلَّفٌ من عدة مقاطع

ثمة العديد من مواقع الويب التي يُستخدم في تنسيقها ما يُعرف باسم المقاطع. ويشيع هذا الاستخدام حقيقةً في الحالات التي يرغب فيها مصممو الويب عرض قائمة منسدلة بالخيارات، وليكن مكانها ـ مثلاً ـ الجانب الأيسر من الشاشة بحيث تبقى الأزرار الخاصة

بمثل هذه القوائم معروضةً مع جميع صفحات موقع الويب، وكل ما يتغير هو البيانات في الجانب الأيمن. وتعد طباعة صفحات بهذا التصميم أكثر تعقيدا. فإذا قمت في هذه الحالة، بفتح مربع الحوار **Print**، ستجد أمامك خيارين في طباعة هذه المقاطع مدرجين في جزء **Print frame** وهما: **As laid out on screen** أو **All frames individually**. وعليك أن تتمرس على استخدام كلا الخيارين حيث إن التصميمات الخاصة بالمقاطع تختلف عادةً تبعًا لاختلاف الموقع.

عرض تقرير بحثٍ كمستند مطبوع

طباعة النتائج الخاصة بمحرك البحث

Print

إذا كنت قد استعنت بإحدى محركات البحث وتم عرض النتائج على الشاشة ورغبت في طباعة هذه النتائج، يمكنك ببساطة أن تنقر على أيقونة **Print** داخل شريط الأدوات الخاص بمتصفح إنترنت إكسبلورار.

الإشارات المرجعية (إنشاء إشارة مرجعية)

ما هي قائمة المواقع المفضلة؟

يمكنك أن تستعين بالمتصفح لديك في إنشاء إشارات مرجعية لصفحات الويب المهمة التي قمت بالبحث عنها واستعراضها. وتتشابه هذه الفكرة مع مفهوم وضع علامة مميزة في كتاب فعلي. ولعلَّ الميزة التي تعود من ذلك أنه سيكون في استطاعتك الرجوع في المستقبل إلى العديد من المواقع المهمة التي ربما تكون قد مررت بها وتفضل زيارتها من جديد. وبالمثل، سيكون في مقدورك أن تقوم بتجميع المواقع المتشابهة مع بعضها بعضا ضمن مجلدات عامة.

فتح صفحة ويب عن طريق الإشارة المرجعية الخاصة بها

لفتح صفحة ويب مفضلة (عن طريق الإشارة المرجعية الخاصة بها):

١-انقر على زر القائمة المنسدلة **Favorites**؛

٢- اختر الموقع الذي تريده من القائمة. حيث سيتم عندها إدخال عنوان الموقع الفعلي في شريط **Address** ليتم عرض صفحة الويب التي حددتها بعد ذلك.

إضافة صفحة ويب إلى قائمة Favorites

عندما ترغب في إضافة الصفحة الحالية إلى قائمة **Favorites**، انقر على زر القائمة المنسدلة **Favorites** (وليس الأيقونة). ثم اختر منها الأمر **Add to favorites**. وهذا بدوره سيؤدي إلى عرض مربع حوار على النحو الموضح في الشكل الآتي:

لإضافة الصفحة الحالية إلى قائمة الصفحات والمواقع المفضلة، انقر على زر **OK**.

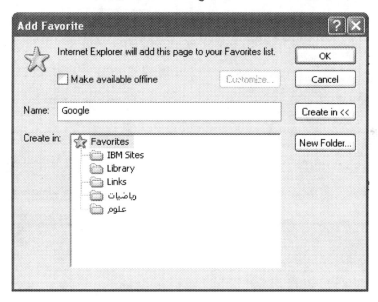

إضافة صفحات ويب إلى مجلد خاص بالإشارات المرجعية

لتنظيم

الملفات في قائمة Favorites

انقر على زر القائمة المنسدلة Favorites ثم حدد الأمر Organize Favorites، الذي سيؤدي إلى عرض مربع الحوار Organize Favorites.

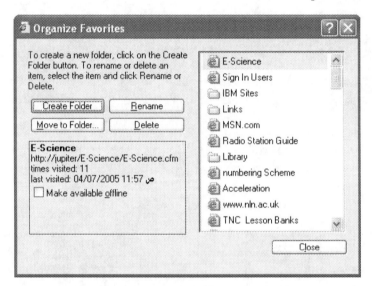

في استطاعتك أن تستخدم،(داخل مربع الحوار أعلاه) الأوامر المعتادة الخاصة ببرنامج Microsoft Explorer لإنشاء مجلدات جديدة، كذلك أيضًا سحب المحتويات الخاصة بمجلد وتركها في مجلد آخر.

لإنشاء مجلد جديد داخل قائمة الملفات المفضلة

١- افتح مربع الحوار Organize Favorites؛

٢- انقر على زر Create Folder؛

٣- أدخل الاسم الخاص بالمجلد الجديد ثم اضغط على مفتاح Enter.

لتغيير اسم أحد العناصر داخل قائمة Favorites أو حذفه

حدد العناصر التي ترغب في تغيير أسمائها أو حذفها ثم انقر على زر **Rename** أو **Delete** تبعًا للإجراء الذي تجريه.

البريد الإلكتروني E-mail

يعتبر البريد الإلكتروني من أسرع الوسائل لتوصيل الرسالة وبأقل مجهود، وهو من أكثر الخدمات شعبية على الإنترنت حيث يتيح الاتصال بين مستخدمي الشبكات والإنترنت. ويجب أن يكون لكل مستخدم عنواناً بريدياً إلكترونيا خاصاً به. ويتكون هذا العنوان من أربعة أجزاء رئيسية، وهي:

١- اسم المستخدم **User Name**؛

٢- علامة الربط @ وتقرأ **at**؛

٣- اسم الكمبيوتر المضيف **Host** أو الحقل الفرعي **Sub-domain**؛

٤- اسم الحقل أو المجال **Domain**، وهو رمز ثلاثي الأحرف يمثل نوعية العنوان مثل **com** أو **net** أو **edu** أو **org**.

يضاف أحيانا رمز الدولة التي يشغل منها الكمبيوتر المضيف أو المجال الفرعي إلى نهاية العنوان البريدي، مثل:

jo	الأردن
uk	بريطانيا
de	ألمانيا
fr	فرنسا

ويكون العنوان الإلكتروني بالصيغة الآتية:***domain.username@host***، مثل:

jo.edu.alnewashi@bau

jo.com.alnewashi@rubicon.qasem

com .ajlun٢٢@yahoo

de.newashi@web

com.qasem١٧@hotmail

إنشاء البريد الإلكتروني المجاني:

هناك العديد من المواقع التي تقدم خدمة البريد الإلكتروني المجاني على شبكة الإنترنت، مثل:

هوت ميل ***com.hotmail.www***

ياهو *com.yahoo.www*

مكتوب *com.maktoob.www*

وفيما يلي عرض لطريقة الاشتراك في موقع ***com.yahoo.www***

طريقة الاشتراك في موقع الياهو *com.yahoo.www*

١- يتم طباعة عنوان الموقع الآتي *com.yahoo.http://www* في حقل ***Location*** فتحصل على الشاشة الآتية:

٢- أنقر على زر Mail فتظهر الشاشة.

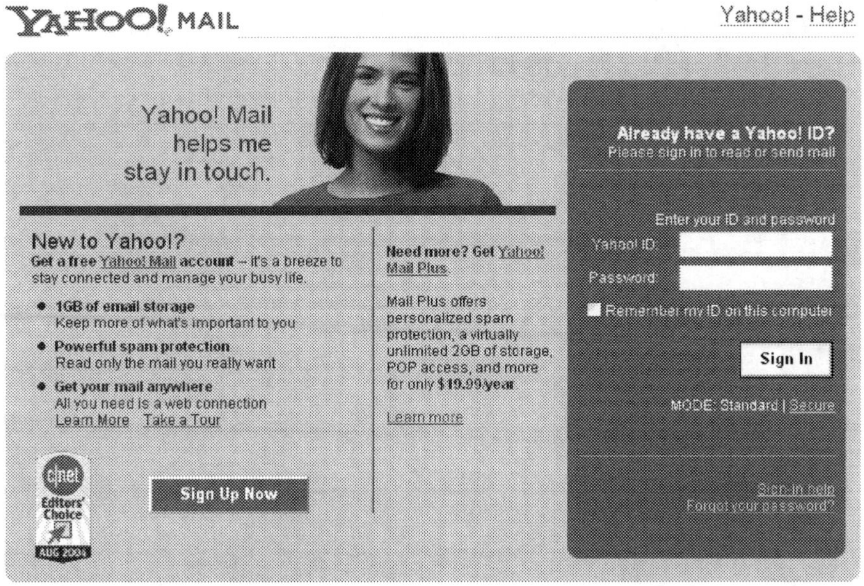

٣- أدخل اسم المستخدم Yahoo ID وكلمة السر Password إذا كنت عضواً مسجلاً كما هو مبين في الشاشة
الآتية ثم انقر على Sign In.

أما إذا كنت عضواً جديداً وغير مسجل في بريد الــyahoo، فانقر على Sign Up Now، فتظهر الشاشة.

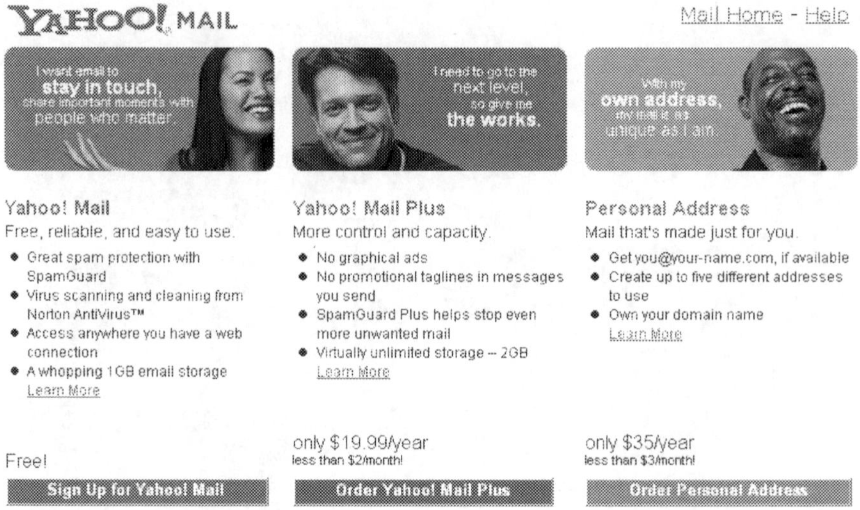

YAHOO! MAIL

Yahoo! Mail
Free, reliable, and easy to use.

- Great spam protection with SpamGuard
- Virus scanning and cleaning from Norton AntiVirus™
- Access anywhere you have a web connection
- A whopping 1GB email storage
  Learn More

Yahoo! Mail Plus
More control and capacity.

- No graphical ads
- No promotional taglines in messages you send
- SpamGuard Plus helps stop even more unwanted mail
- Virtually unlimited storage — 2GB
  Learn More

Personal Address
Mail that's made just for you.

- Get you@your-name.com, if available
- Create up to five different addresses to use
- Own your domain name
  Learn More

Free!

only $19.99/year
less than $2/month!

only $35/year
less than $3/month!

| Sign Up for Yahoo! Mail | Order Yahoo! Mail Plus | Order Personal Address |

وفي الشاشة اختر نوعية الاشتراك في هذه الخدمة. أتوقع أن تنقر على الزر الأول Sign Up for Yahoo! Mail في يسار الشاشة. وهو اشتراك في الخدمة المجانية، اما بقية الاشتراكات فتحتاج منك دفع مبلغ من المال مقابل هذه الخدمة.

تظهر الشاشة الآتية لإكمال عملية تسجيل بريدك الإلكتروني.

عليك بملء جميع الحقول باللغة الانجليزية المشار إليها بنجمة حمراء في جهة اليسار.

Create Your Yahoo! ID
اسمك الاول
المحتوى المفضل. يمكنك ترك هذا الحقل كما هو علىالوضع الافتراضي.
* First name:
اسم عائلتك
* Last name:
* Preferred content: Yahoo! U.S.
الجنس: س ذكر Mاضغط على السهم الصغير على يمين الحقل لاختيار الجنale، أو أنثى Female
* Gender: [Select]
كلمة السر. تتكون من ستة رموز على الأقل. احفظها جيدا واكتبها في مكان
* Yahoo! ID:
ID may consist of a-z, 0-9 and undersco
العنوان البريدي. اختر عنوانك كما تحب أن يظهر أمام الأخرين، يمكنك استخدام كافة الحروف الانجليزية والأرقام
* Password:
Six characters or more; capitalization matters!
أعد كتابة كلمة السر مرة ثانية هنا.
* Re-type password:
If You Forget Your Password...
اختر أحد الاسئلة المنسدلة، ثم اكتب جوابه في الحقل التالي واحفظه جيدا. سوف يوجه لك نفس السؤال في حال فقدانك لكلمة
* Security question: [Select a Question]
* Your answer:
Four characters or more. Make sure you
تاريخ الميلاد: الشهر، واليوم، والسنة.
* Birthday: [Select a Month] dd yyyy
* ZIP/Postal code:
الرمز البريدي لمنطقتك، مثلا ١١٢٣٨. لا حظ أنه يتكون من خمسةأرقام.
Alternate Email:
Customizing Yahoo!
Industry: [Select Industry]
Title: [Select a Title]
في هذه الحقول اختر المعلومات المتعلقة بمجال اختصاصك
Specialization: [Select a Specialization]
Verify Your Registration
* Enter the code shown:
More info
This helps Yahoo! prevent automated registrations.
أعد كتابة الشفيرة الموجودة في المستطيل أدناه. هذه الخطوة هدفها منع التسجيل الآلي في بريد ياهو. انتبه لحالة الحروف الكبيرة والصغيرة.
AYkuX
Terms of Service
Please review the following terms and indicate your agreeme
هذه المعلومات تبين المسؤوليات المترتبة على استخدامك لخدمة البريد الالكتروني في ياهو (للاطلاع والالتزام بها).
1. ACCEPTANCE OF TERMS
Yahoo! Inc. ("Yahoo!") welcomes you
provides its service to you
following Terms of Service ("TOS"),
updated by us from time to time without notice
اضغط هنا للموافقة على التسجيل في بريد ياهو.
By clicking "I Agree" you agree and consent to (a) the Yahoo! Terms of Service and Privacy Policy, and (b) receive required notices from Yahoo! electronically.
I Agree
I Do Not Agree

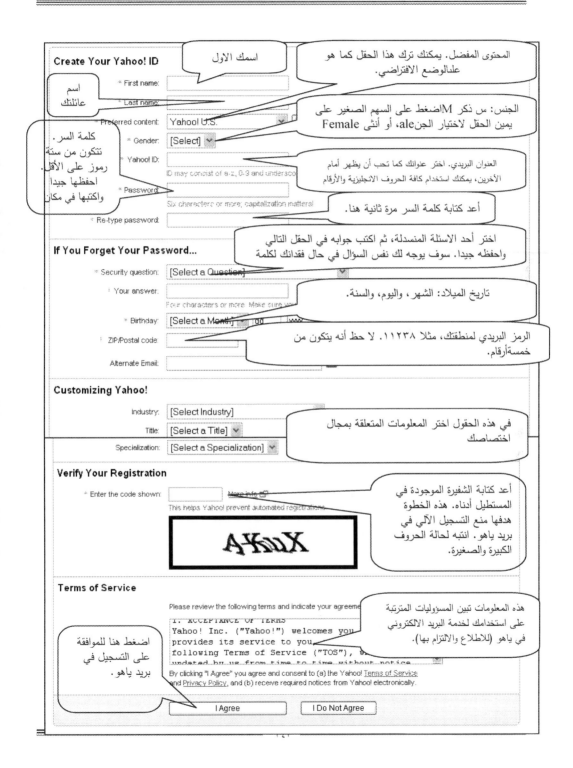

وفي الشاشة سوف تجد بريدك الإلكتروني الذي سجلته فإذا كان هو البريد الذي تريده فأنقر على الزر أكمل Continue to Yahoo Mail.

أما إذا كان هناك نقص في المعلومات فسوف يطلب منك البرنامج ملء المعلومات الناقصة وستجد أن المعلومات المطلوبة مميزة بظل أحمر.

في كثير من الأحوال يكون العنوان البريدي الذي اخترته مستخدم نفسه من قبل شخص آخر، وفي هذه الحالة يقدم لك البرنامج مقترحات لعنوان بريدي يتناسب مع اسمك، وفرصة لكتابة أي عنوان آخر بديل.

بعد النجاح في التسجيل في خدمة البريد الالكتروني، أغلق صفحة الياهو، ثم افتحها من جديد، ثم اذهب إلى خدمة البريد، وادخل بريدك بتسجيل عنوانك وكلمة السر، كالآتي:

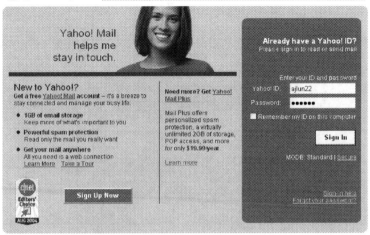

ستظهر لك الشاشة الآتية، التي تشير إلى أنك قد دخلت إلى بريدك الخاص، وبإمكانك الآن قراءة الرسائل المستلمة أو إنشاء رسائل، وغيرها من الخدمات. للتعرف على الرسائل المستلمة، اضغط على الرابط Inbox الذي يظهر في بداية القائمة على يسار الشاشة:

ستظهر لك قائمة بالرسائل المستلمة تبين اسم المرسل وموضوع الرسالة وتاريخ إرسالها وحجمها. لقراءة أي رسالة اضغط على موضوع الرسالة. فلو قمنا بالضغط على الرسالة التي موضوعها (eslam saleh alfreh).

سيظهر محتوى الرسالة، كالآتي:

ماذا تفعل بعد قراءة الرسالة؟ أمامك العديد من الخيارات:

إما أن تحذفها Delete؛

وإما أنك تريد أن ترسل رسالة رد للشخص المرسل Reply؛

وإما أنك تريد أن تخبر شخصا آخر بمحتوى الرسالة بنقل الرسالة كما هي إلى ذلك الشخص Forward؛

وإما أنك تريد أن تمنع هذه الرسالة أو ما شابهها من الوصول إلى بريدك مرة ثانية Spam؛

وإما أنك تريد أن تحتفظ بالرسالة في إحدى الملفات الموجودة في بريدك ...Move.

لنفرض أنك تريد الرد على هذه الرسالة، فسوف تنقر على Reply، وفي هذه الحالة لن تحتاج أن تكتب العنوان البريد للشخص الذي تريد أن ترسل له الرسالة، وما عليك إلا أن تبدأ بكتابة محتوى الرسالة التي تريد

أما إذا أردت أن تنشئ رسالة جديدة فأنقر على زر Compose. ثم أدخل عنوان المرسل إليه، وموضوع الرسالة، ومحتوى الرسالة.

بإمكانك إرفاق ملفات مع الرسالة باستخدام زر Attach Files، وعندها ستظهر لك الشاشة الآتية:

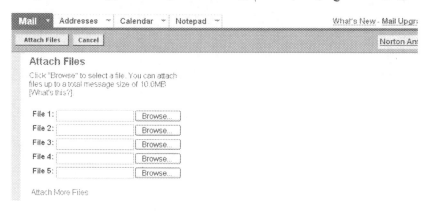

اضغط على زر ...Browse لاختيار الملف الأول الذي تريد إرساله، سيظهر لك مربع حوار كالآتي لاختيار الملف الذي تريد:

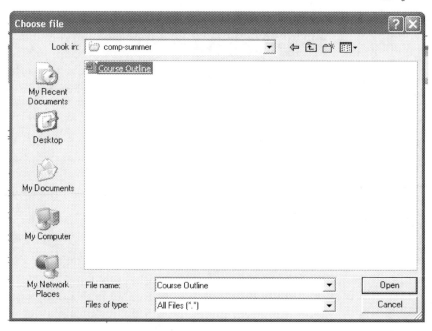

ثم أنقر على زر Open كما هو مبين في الشاشة السابقة.

بعد ذلك اضغط على زر Attach Files الذي يظهر في أعلى وأسفل الشاشة:

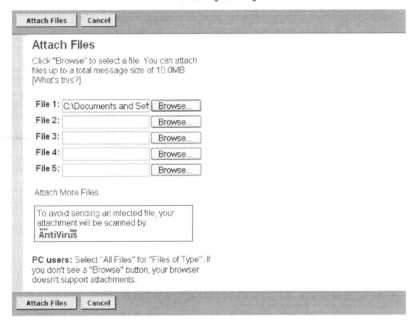

ستأخذ عملية تحميل الملف (أو الملفات) فترة من الزمن قد تصل إلى دقيقة أو أكثر، وأثناء ذلك ستظهر لك الشاشة الآتية:

إذا انتهت عملية تحميل (أو ارفاق الملف) بنجاح، سوف تظهر لك الشاشة الاتية:

للعودة إلى الرسالة، اضغط على زر Continue to Message، وتابع كتابة محتوى الرسالة أو مراجعتها. (يفضل أن تشير في محتوى الرسالة إلى الملفات المرفقة بها). ثم اضغط على زر الإرسال Send. إذا أرسلت بنجاح ستظهر لك الشاشة الآتية:

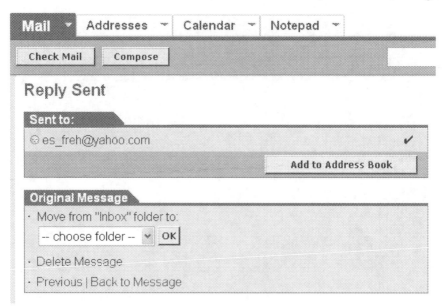

لاحظت مما سبق، أن خدمة البريد الالكتروني تتيح لك إجراء العديد من العمليات، مثل:

كيف يتم إرسال الرسالة لشخص أو لعدة أشخاص؟

١- أنقر على أمر New Messages أو Compose وفق البرنامج المستخدم. والشاشة الآتية تبين ذلك في برنامج Yahoo

٢- فتظهر له شاشة جديدة، كما هو مبين في الشاشة الآتية.

٣- أكتب فيها العنوان الإلكتروني الخاص بالشخص الذي تريد مراسلته في خانة Address أو To.

٤- وباستطاعتك كتابة العنوان الإلكتروني الخاص بشخص آخر لكي ترسل له نسخة من هذه الرسالة في خانة CC.

٥- أكتب موضوع الرسالة في Subject

٦- أكتب نص الرسالة الإلكترونية في المساحة المتاحة ثم أنقر على زر الإرسال Send لكي ترسل الرسالة.

٧- إرفاق الملفات مع رسائل البريد الإلكتروني:

٨- أن لكل برنامج حد أقصى مختلف لهذا الإرفاق. فمثلاً، في برنامج hotmail يكون الحد الأقصى ٢ ميجابايت. أما في برنامج yahoo فيكون الحد الأقصى ٤ ميجابايت.

قراءة البريد الإلكتروني:

تتم عملية قراءة البريد الإلكتروني بالنقر على أمر Caeek mail أمر Receive Mail أو أمر Inbox كما هو مبين في الشاشة الآتية في برنامج hotmail، فتظهر الرسالة غير المقروءة أو الجديدة مع إشارة إلى ذلك، كما هو مبين في الشاشة الآتية في برنامج hotmail. كظهور علامة بقرب عنوان الرسالة أو أن يكون سطر الموضوع مكتوباً بالخط الداكن أنقر على عنوان الرسالة فتظهر محتواها كما هو مبين في الشاشة الآتية.

الرد على البريد الإلكتروني:

افتح الرسالة التي تريد الرد عليها ثم انقر على أمر Reply، كما هو مبين في الشاشة الآتية في برنامج hotmail.

ستظهر لك نافذة جديدة كما هو مبين في الشاشة الآتية، وفي مكان العنوان يوجد عنوان صديقك الذي تود الرد على رسالته. أما موضوع الرسالة فسيكون مشابهاً لموضوع الرسالة التي ترد عليها ولكن مسبوقاً باختصار لكلمة رد Re.

اكتب الرد في المساحة المتاحة.

انقر على زر الإرسال Send.

تمرير البريد لشخص آخر Forward:

يمكنك إرسال رسالة وصلتك من شخص لشخص آخر باستخدام أمر Forward كما هو مبين في الشاشة الآتية. وموضوع الرسالة يكون مشابهاً لموضوع الرسالة التي تريد تمريرها ولكن مسبوق باختصار لكلمة تمرير Fwd. ويعمل هذا الأمر بنفس طريقة أمرReply، إلا أن مكان عنوان المرسل إليه يكون فارغاً لتدخل فيه عنوان الشخص الذي تود إرسال الرسالة إليه. ثم أنقر على زر الإرسال Send.

الفصل السادس

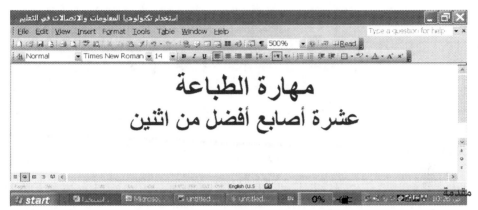

مقدمة

لنتخيل شخصين في طريق كل منهما يريد الوصول إلى الحديقة العامة في المدينة، أحدهما أعمى يمسك بعصا يتلمس بها الطريق وكلما قطع مسافة بسيطة أخذ يسأل المارين عن مكان الحديقة. بينما الآخر مبصر يركب حصانا،الحصان اعتاد الذهاب الحديقة كل يوم-فالحصان هو الدليل- ولا يفكر الرجل أين سيضع الحصان أرجله في كل خطو ؟ فهو مطمئن إلى أن الحصان نفسه سيراعي ذلك،بينما الرجل يجلس على ظهر الحصان يستمتع بمشاهدة نواحي المدينة وتحية الأصدقاء الذين صادفهم في الطريق. إن مثل الرجل الأعمى كمثل الشخص الذي يطبع بإصبعين فقط، ومثل راكب الحصان الشخص الذي يتقن مهارة الطباعة بأصابعه العشرة.

كثير من الناس يتعلمون الطباعة في وقت مبكر من حياتهم، ويمارسون هذه المهارة باستخدام إصبعين فقط في الغالب، وذلك لأنهم لم يقصدوا تعلم مهارة الطباعة،وإنما يريدون أن ينجزوا عملا يتطلب منهم الطباعة. فهم يتعلمون الحد الأدنى من هذه المهارة، أي ما يساعدهم في تأدية المهام العاجلة المطلوبة منهم فقط،فهؤلاء يتعلمون الطباعة لموقف محدود

بحيث ينجزون أعمالهم بمستوى مقبول من الكفاءة،ولكن كم سيزداد معدل كفاءتهم وإنتاجيتهم في العمل لو زاد عدد الأصابع التي يستخدمونها من إصبعين إلى عشرة أصابع؟

لماذا نتعلم مهارة الطباعة ؟

اكتساب المعلم لمهارة الطباعة يساعده في:

١-توفير الوقت سواء في التحضير،أو في غرفة الصف،أو عند البحث عن أي مواد،أو معلومات على شبكة الإنترنت؛

٢-عدم تضييع الوقت في الحصة الصفية حين يستخدم المعلم برنامج لمعالجة الكلمات بدلا من السبورة؛

٣-امتلاك مهارة الطباعة يفتح الآفاق أمام المعلم إلى تنمية مهارات أكثر والقدرة على التعامل مع المواقف الجديدة،فبدلا من إشغال الذهن في البحث عن الحروف على لوحة المفاتيح،ينشغل الذهن في الإبداع والتطوير ومعالجة الأفكار قيد البحث والدراسة؛

٤-المعلم الذي يريد أن يستخدم الحاسوب في التعليم ينبغي أن يكون هو نفسه قد اكتسب مهارات استخدامه على أصولها، فحين يمارس تلك المهارات أمام طلبته يكون نموذجا جيدا لمحاكاته من قبل الطلبة. فكيف يكتسب معلم ثقة طلبته وهو يستعين بهم في كتابة الفتحة والضمة،وربما في كتابة حرف الذال ؟!

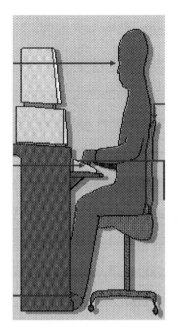

إرشادات قبل البدء بتعلم الطباعة

١- اجعل ظهرك ملاصقا لمسند الكرسي الذي تجلس عليه؛

٢- لتكن الحافة العلوية لشاشة جهاز الحاسوب بمستوى عينيك؛

٣- ليكن ارتفاع الكرسي بحيث يكون المرفقين بوضع أفقي وبموازاة بنفس ارتفاع لوحة المفاتيح؛

٤- اجعل أصابعك مثنية وليست ممدودة؛

٥- اجعل أصابعك فوق لوحة المفاتيح مباشرة، فلا ترتفع بهما كثيرا ولا تجعلهما يلامسان اللوحة.

١- اجعل رجليك ممدودتين إلى الأمام قدر الإمكان؛

٢- حين تريد أن تضغط على مفتاح فاجعل الضغط برأس الإصبع؛

٣- اجعل أصابعك معظم الوقت عند صف الارتكاز،ومن المفضل أن تتعود على أن ترتكز على مفتاح حرف "ت" و حرف "ب" أما الخنصران فيكونان مرتكزان على حرفي "ك" و"ش".

(في كافة التدريبات الآتية يقوم المتدرب بطباعة سطور التدريب سطرا سطرا،ودون النظر إلى لوحة المفاتيح،ويكرر طباعة السطر،ولا ينتقل إلى السطر الآتي إلا بعد أن يتقن طباعة السطر).

صف الارتكاز

صف الارتكاز هو صف الحروف الثاني مبتدأ بالعد من أسفل الصفوف إلى أعلى وهو المركز الرئيس لتركيز أصابع اليد على الحروف.

حروف الارتكاز الخاصة باليد اليمنى هي:

(ك)   (م)   (ن)   (ت) مبتدأ بوضع الخنصر على مفتاح حرف (ك).

وحروف الارتكاز الخاصة باليد اليسرى هي:

(ش)   (س)   (ي)   (ب) مبتدأ بوضع الخنصر على مفتاح حرف (ش).

وسوف يبقى حرفان خاليان بين السبابتين وهما:

(ا)   (ل) ويستخدم سبابة اليد اليمنى للضغط على مفتاح حرف (ا) وسبابة اليد اليسرى للضغط على مفتاح حرف (ل).

ويستخدم خنصر اليد اليمنى للضغط على مفتاح الحرف (ط).

تدريب:

كمنت شسيب كمنت شسيب كمنت شسيب كمنت شسيب كمنت شسيب كمنت شسيب.

كمنت تنمك بيسش تنمك بيسش تنمك بيسش تنمك بيسش كمنتا شسيبل كمنتا تنمك.

شسيبل طالب شسيبل طالب شسيبل طالب شسيبل طالب شسيبل طالب شسيبل طالب.

طلب طلبكم بلاط طبل طب الطبيب طلب طلبكم بلاط طبل طب الطبيب طلب طلبكم.

شك كش سش كم مك مس شك كش سش كم مك مس شك كش سش كم مك مس.

سم مس ين ني بت الطالب البطل بط البط بطتان طن اطنان طنان بط البط بطتان طن.

شط طش سط انتم لبيسش شط طش سط انتم لبيسش شط طش سط انتم لبيسش.

لبيش بسيش اتنمك لبيش بسيش اتنمك لبيش بسيش اتنمك لبيش بسيش اتنمك.

كم شس يط طي طب كطبيب طماطم يط طي طب كطبيب طماطم طلب بلاط بلاطكم.

طبيبان مك سش تبين نبيت طبيبان مك سش تبين نبيت طبيبان مك سش تبين نبيت.

التب الني المس التب الني المس التب الني المس التب الني المس الني المس التب.

سمك سمكات سمكتكما سمكتان سمكتك اسماك سمكات سمكتكما سمكتان سمكتك اسماك.

اسماكما بات باتا يبيتا بيت بيتكم اسماكما بات باتا يبيتا بيت بيتكم اسماكما بات باتا.

بيتا يبيتا طلبكم بنت بنات بنتك بنتان البنت البنات بيتا يبيتا طلبكم بنات بنتك بنتان.

بستان باب بابان ابا ابت الباب بابين بان يبين بانا بستان باب بابان ابا ابت الباب بابين.

يبين كانا إمكاننا لكننا كمالياتنا كانا أمكننا يبين كانا امكاننا لكننا كمالياتنا كانا أمكننا.

لكننا تكلمنا أتيتما تماما تكلمنا تكتما تكلما ايتتما طبيب لكننا تكلمنا أتيتما تماما تكلمنا.

شباب تاناشا شمشما شمشمكما شمسكما شبابكما شباب تاناشا شمشما شمشمكما.

صف الارتكاز ومفتاح عالي Shift

في هذا الدرس يتم التدريب على الحروف والعلامات العالية في صف الارتكاز حيث أنها   تكتب مع الضغط على إحدى مفتاحي العالي ويتم اختيار المفتاح العالي الموجود على الجهة المعاكسة للحرف أو العلامة المراد طباعتها.

وهي بالنسبة لليد اليمنى:

(:)   (") بالأصبع الخنصر

(،) بالوسطى

(ـ)   (أ) بالسبابة.

وبالنسبة لليد اليسرى فهي:

() بالأصبع الخنصر

(ْ) بالبنصر

([) بالوسطى

([])   (لا) بالسبابة

ملاحظات:

إذا كان الحرف العالي المراد كتابته من إختصاص أصابع اليد اليمنى فيتم الضغط على مفتاح عالي الأيسر باستخدام الأصبع الخنصر لليد اليسرى.

أما إذا كان الحرف العالي المراد كتابته من إختصاص أصابع اليد اليسرى فيتم الضغط على مفتاح عالي الأيمن باستخدام الأصبع الخنصر لليد اليمنى.

تدريب:

":/،-أ ٍ] [لأ أ":/،-أ ٍ] [لأ أ":/،-أ ٍ] [لأ أ":/،-أ ٍ] [لأ أ".

أمل أكلت الأكل: أمل أكلت الأكل: أمل أكلت الأكل: أمل أكلت الأكل.

" كل من الشمس يا منيب": " كل من الشمس يا منيب": " كل من الشمس يا منيب".

شكيب بلا ٍ] [لأ شكيب بلا ٍ] [لأ شكيب بلا ٍ] [لأ شكيب بلا ٍ] [لأ.

نسيم طالب أشكالكم لام نسم تماما نسيم طالب أشكالكم لام نسم تماما نسيم أشكالكم.

الشيم شكل شكيا كتمت شِ سِ الشيم شكل شكيا شِ سِ الشيم شكل شكيا كتمت شِ.

للأ طً ك: م/ ن، تـ ا أ يكتب كما ل للناس تسكن يسكن،سكب،للأ طً ك: م/ ن، تـ ا أ.

كلنا الشباب ماسك الكتاب الأب الأم الأكل الأيام لأن، كلنا الشباب ماسك الكتاب الأب.

حروف الصف الثالث

في هذا الدرس يتم التدريب على حروف الصف الثالث

وهي بالنسبة لليد اليمنى:

(د)   (ج)   (ح) بالأصبع الخنصر؛

(خ) بالبنصر؛

(ه) بالوسطى؛

(ع)   (غ) بالسبابة.

وبالنسبة لليد اليسرى:

(ض) بالأصبع الخنصر؛

(ص) بالبنصر؛

(ث) بالوسطى؛

(ق)   (ف)بالسبابة.

تدريب:

تعت بقب تعت بقب تعت بقب تعت بقب تعت بقب تعت بقب تعت بقب تعت بقب تعت.

تعت بقب تعت بقب تعت بقب تعت بقب تعت بقب تعت بقب تعت بقب تعت بقب تعت.

أغات لفلب أغات لفلب أغات لفلب أغات لفلب أغات لفلب أغات لفلب أغات. لفلب أغات لفلب لفلب أغات لفلب لفلب أغات لفلب لفلب أغات لفلب لفلب لفلب أغات لفلب.

عنا شفيق عات عنا شفيق عات عنا شفيق عات عنا شفيق عات عنا شفيق عات.

فاق علمك عقلنا فاق علمك عقلنا فاق علمك عقلنا فاق علمك عقلنا فاق علمك عقلنا.

غانم أعقل من فاتن حجلة حجر حجك غانم أعقل من فاتن حجلة حجر حجك غانم أعقل.

حروف الصف الأول

في هذا الدرس يتم التدريب على حروف وعلامات الصف الأول

وهي بالنسبة لليد اليمنى:

(ظ)، (ز) بالأصبع الخنصر؛

(و) بالبنصر؛

(ة) بالوسطى؛

(ى) (لا) بالسبابة.

وبالنسبة لليد اليسرى:

(ئ) بالبنصر؛

(ء) بالوسطى؛

(ؤ) (ر) بالسبابة.

تدريب:

كظ سئ كظ سئ كظ سئ كظ سئ كظ سئ كظ سئ كظ سئ كظ سئ كظ سئ كظ سئ كظ.

كظ كز سئ كظ كز سئ كظ كز سئ كظ كز سئ كظ كز سئ كظ كز سئ كظ كز سئ كظ.

سئ مو يء مو يء مو سئ مو يء مو يء مو سئ مو يء مو يء مو سئ مو يء.

يؤ نة ى بر الا للا يؤ نة ى بر الا للا يؤ نة ى بر الا للا يؤ نة ى بر الا للا يؤ نة.

مو يء نة يؤ مو يء نة يؤ مو يء نة يؤ مو يء نة يؤ مو يء نة يؤ مو يء نة يؤ.

ظفر ئ ورم نظر ناظر نظيركم ظفر ئ ورم نظر ناظر نظيركم ظفر ئ ورم نظر ناظر.

ظنون أظن انتظار ظنه نظيره نظركما لاحظ ملاحظة حظه تحظي ظنون أظن انتظار ظنه.

الحظ حظوظ الحظ حظوظ الحظ حظوظ الحظ حظوظ الحظ حظوظ الحظ حظوظ الحظ.

محفظة حافظة زال زل زلت محفظة حافظة زال زل زلت محفظة حافظة زال زل زلت.

زمل لزم زالت يزيل زمل لزم زالت يزيل زمل لزم زالت يزيل زمل لزم زالت يزيل زمل.

هزم هزيمة هزمكم هزمكن هزم هزيمة هزمكم هزمكن هزم هزيمة هزمكم هزمكن هزم.

حروف الصف الاول ومفتاح عالي Shift

في هذا الدرس يتم التدريب على الحروف والعلامات العالية في الصف الأول.

وهي بالنسبة لليد اليمنى:

(؟) (.) بالأصبع الخنصر؛

(،) بالبنصر؛

(آ) و(لآ) بالسبابة.

وبالنسبة لليد اليسرى:

() بالوسطى؛

{}) و({}) بالسبابة.

تدريب:

ك ؟ ك. س ك ؟ ك. س ك ؟ ك. س ك ؟ ك. س ك ؟ ك. س ك ؟ ك. س ك ؟ ك. س.

ك. م،يْ ك. م،يْ ك. م،يْ ك. م،يْ ك. م، يْ ك. م،يْ ك. م، يْ ك. م،يْ.

يْ ن ب١ نة يْ ن ب١ نة يْ ن ب١ نة يْ ن ب١ نة يْ ن ب١ نة يْ ن ب١ نة.

تآ ب١ تآ نة تآ ب١ تآ نة تآ ب١ تآ نة تآ ب١ تآ نة تآ ب١ تآ نة تآ ب١ تآ نة.

حروف الصف الرابع

في هذا الدرس يتم التدريب على أرقام وعلامات الصف الرابع.

وهي بالنسبة لليد اليمنى:

(=) (-) (٠) بالأصبع الخنصر؛

(٩) بالبنصر؛

(٨)بالوسطى؛

(٧) (٦) بالسبابة.

وبالنسبة لليد اليسرى:

(ذ) (١) بالأصبع الخنصر؛

(٢) بالبنصر؛

(٣) بالوسطى؛

(٤) (٥) بالسبابة.

تدريب:

بق٤ بق٥ بق٤ بق٥ بق٤ بق٥ بق٤ بق٥ بق٤ بق٥ بق٤ بق٥ بق٤ بق٥ بق٤ بق٥.

تع٧ تغ٦ تع٧ تغ٦ تع٧ تغ٦ تع٧ تغ٦ تع٧ تغ٦ تع٧ تغ٦ تع٧ تغ٦.

نه٨ يث٣ نه٨ يث٣ نه٨ يث٣ نه٨ يث٣ نه٨ يث٣ نه٨ يث٣ نه٨ يث٣.

مخ٩ سص٢ مخ٩ سص٢ مخ٩ سص٢ مخ٩ سص٢ مخ٩ سص٢ مخ٩ سص٢.

كح٠ شض١ كح٠ شض١ كح٠ شض١ كح٠ شض١ كح٠ شض١ كح٠ شض١.

كخ- شضذ كج- شضذ كج= كخ- شضذ كج- شضذ كج= كخ- شضذ كج- شضذ.

ذل ذليل لذة ذل ذليل لذة ذل ذليل لذة ذل ذليل لذة ذل ذليل لذة ذل ذليل لذة.

ذهب ذهاب ذهبكم ذهب ذهاب ذهبكم ذهب ذهاب ذهبكم ذهب ذهاب ذهبكم ذهب ذهاب.

هذا هذان هذين هذا هذان هذين هذا هذان هذين هذا هذان هذين هذا هذان هذين.

معذبة لذا ذرة ذرر معذبة لذا ذرة ذرر معذبة لذا ذرة ذرر معذبة لذا ذرة ذرر معذبة.

عذا ٩٨٣٢ - عذا ٩٨٣٢ - عذا ٩٨٣٢ - عذا ٩٨٣٢ - عذا ٩٨٣٢ - عذا ٩٨٣٢.

حروف الصف الرابع ومفتاح عالي Shift

في هذا الدرس يتم التدريب على العلامات العالية في الصف الرابع.

وهي بالنسبة لليد اليمنى:

(+) و (( ) بالأصبع الخنصر؛

( )) بالبنصر؛

(*) بالوسطى؛

(&) بالسبابة.

وبالنسبة لليد اليسرى:

(@) (!) بالأصبع الخنصر؛

(#) بالبنصر؛

($) بالوسطى؛

(%) بالسبابة.

تدريب:

تع بق% تع بق% تع بق% تع بق% تع بق% تع بق% تع بق% تع بق% تع بق%.

نه* بق مخ) نه* بق مخ) نه* بق مخ) نه* بق مخ) نه* بق مخ) نه* بق مخ).

يث مخ) يث كخ(يث مخ) يث كخ(يث مخ) يث كخ(يث مخ) يث كخ(يث مخ) يث كخ.

سص كح(سص كح(سص كح(سص كح(سص كح(سص كح(سص كح(سص كح.

شض! كح شض! كح شض! كح شض! كح شض! كح شض! كح شض! كح.

كح + شضً كخ + شضً+ كح + شضً كخ + شضً + كح + شضً كخ + شضً + كح + شضً.

تغ بف تغ بف تغ بف تغ بف تغ بف تغ بف تغ بف تغ بف تغ بف تغ بف.

بف٦ ٣٥٤ بف٦ ٣٥٤ بف٦ ٣٥٤ بف٦ ٣٥٤ بف٦ ٣٥٤ بف٦ ٣٥٤ بف٦ ٣٥٤.

تشكيل الحروف

في هذا الدرس يتم التدريب على علامات التشكيل. تكتب بالضغط على مفتاح عالي Shift باليد اليمنى،وأحد المفاتيح الآتية باليد اليسرى:

في الصف الثالث:

(َ) بالأصبع الخنصر؛

(ً) بالبنصر؛

(ُ) بالوسطى؛

(ٌ) بالسبابة.

صف الارتكاز:

(ِ) بالأصبع الخنصر؛

(ٍ) بالبنصر في الصف الأول؛

(ْ) بالبنصر في الصف الرابع؛

(!) بالأصبع الخنصر في الصف الأول.

تدريب:

تِ بٌ تِ بٌ تِ بٌ تِ بٌ تِ بٌ تِ بٌ تِ بٌ تِ بٌ تِ بٌ تِ بٌ تِ بٌ تِ بٌ تِ بٌ.

تا إ بللإ تا إ بللإ تا إ بللإ تا إ بللإ تا إ بللإ تا إ بللإ تا إ بللإ تا إ بللإ تا إ بللإ.

يٌ نه يٌ نه يٌ نه يٌ نه يٌ نه يٌ نه يٌ نه يٌ نه يٌ نه يٌ نه يٌ نه يٌ نه يٌ نه.

مخ سَّ مخ سَّ مخ سَّ مخ سَّ مخ سَّ مخ سَّ مخ سَّ مخ سَّ مخ سَّ مخ سً.

ك؛ شُ ك؛ شُ ك؛ شُ ك؛ شُ ك؛ شُ ك؛ شُ ك؛ شُ ك؛ شُ ك؛ شُ ك؛ شُ.

تإ بلإ لإ تإ بلإ لإ تإ بلإ لإ تإ بلإ لإ تإ بلإ لإ تإ بلإ لإ تإ بلإ لإ تإ بلإ لإ تإ بلإ لإ تإ بلإ لإ.

تدريب الخنصر

في هذا الدرس يتم تدريب سرعة أصبع الخنصر **فبالنسبة لليد اليمنى:**

١- في صف الارتكاز

(ط)   (ك)   ومع المفاتيح العليا (") (:)؛

٢- في الصف الثالث

(د)   (ج)   (ح)؛

٣- في الصف الأول

(ط)   (ز)   والمفاتيح العليا (؟)؛

٤- في الصف الرابع

(=)   (-)   (٠)   والمفاتيح العليا (+)   (()).

وبالنسبة لليد اليسرى:

١- صف الارتكاز

(ش) والمفتاح العالي (ِ)؛

٢- الصف الثالث

(ض)؛

٣- الصف الرابع

(ذ)   (١) والمفتاح العالي (!).

تدريب:

كج = شضا كظ كز كج = شضا كظ كز كج = شضا كظ كز كج = شضا كظ كز.

شضان كجن شضان كجن شضان كجن شضان كجن شضان كجن شضان.

ك + شَ!:. ك + شَ!:. ك + شَ!:. ك + شَ!:. ك + شَ!:. ك + شَ!:. ك + شَ!:. ○.

قائمة المراجع

المراجع العربية:

ابراهيم يوسف العبد الله ، استخدام الحاسوب في العملية التعليمية، البحرين: وزارة التربية والتعليم، ١٩٨٨م.

ابو الفتوح حلمي، ابو زيد عبد الباقي. توظيف الحاسب الالي والمعلوماتية في مناهج التعليم الفني بدولة البحرين . المؤتمر السادس عشر للحاسب الآلي والتعليم المنعقد في الرياض ٢١ – ٢٦ ابريل ٢٠٠٠.

أبو ريا، محمد يوسف إبراهيم (١٩٩٣): " أثر استخدام استراتيجية التعلم باللعب المنفذة من خلال الحاسوب في اكتساب مهارات العمليات الحاسوبية الأربع لطلبة الصف السادس الابتدائي في المدارس الخاصة في عمان"، رسالة ماجستير غير منشورة، الجامعة الأردنية، عمان.

آرز لويس تقنية المعلومات لمساعدة التعليم : دمج البحث العلمي مع الممارسة.

حسن محمد صديق محمد. الكمبيوتر: الجهاز الساحر. مجلة التربية / العدد ٧٧- مايو– ٩٨٦

حمدان محمد زيد . تكنولوجيا التعليم / دار العلم للملايين.

حمدي ، نرجس (١٩٩٨) ،تطوير وتقويم نموذج تدريسي في تصميم التقنيات التعليمية وإنتاجها فق منحى النظم . دراسات العلوم التربوية ، ٢٦ (١) ، ٧٠- ٩١ .

الخطيب ، لطفي (١٩٩٨). المرشد في تصميم البرمجيات التعليمية الكمبيوترية للمعلمين . دار الكندي للنشر والتوزيع ، إربد - الأردن .

سلامة، عبد الحافظ محمد سلامة (١٩٩٩): "أثر استخدام استراتيجية التعلم بواسطة الحاسوب على التحصيل الدراسي لطلبة الصف التاسع الأساسي في مادة قواعد اللغة العربية في المدارس الأردنية"، رسالة دكتوراه غير منشورة، جامعة الروح القدس، بيروت، لبنان.

صبح، يوسف والعجلوني، خالد (٢٠٠٣): "أثر استخدام الحاسوب في تدريس الرياضيات لطلبة الصف الأول الثانوي العلمي على تحصيلهم واتجاهاتهم نحو الحاسوب"، مجلة دراسات، مج٣٠، ع١، ص١٦٦-١٨٦، الجامعة الأردنية، عمان

طوالبة ، محمد (٢٠٠١) . تقييم البرمجيات التعليمية . اليرموك ، العدد (٧١) ٤٠-٤٢ .

الفار، إبراهيم عبد الوكيل (١٩٩٤): "أثر استخدام نمط التدريس الخصوصي كأحد أنماط تعليم الرياضيات المعزز بالحاسوب على تحصيل تلاميذ الصف الأول الإعدادي لموضوع المجموعات واتجاهاتهم نحو الرياضيات، حولية قطر، العدد١١، ص٣٥-٣٩.

قطامي ، يوسف ، وأبو جابر ، ماجد وقطامي ، نايفة (٢٠٠٠) . تصميم التدريس ، عمان : دار الفكر للنشر والتوزيع .

الكحيمي، سهام عبد العزيز ، زاري، صالح. تأثير برامج حلول المسائل على انطباع الطلبة عن الفيزياء.

كمب ، ج (١٩٨٠) ترجمة د٠احمد خيري كاظم (١٩٨٧) تصميم البرامج التعليمية . القاهرة : دار النهضة .

منيزل ، عبد الحميد (١٩٩٣) . دليل إنتاج البرمجيات التعليمية : تونس المنظمة العربية للتربية والثقافة والعلوم .

الناعي ، عبدالله سالم (١٩٩٤) . الكمبيوتر وسيلة مساعدة في العملية التعليمية ، مجلة التربية ٢٤١-٢٥٩ .

الهابس ، عبدالله والكندري ، عبد الرحمن (٢٠٠٠) . الأسس العلمية لتصميم وحدة تعليمية عبر الإنترنت ، المجلة التربوية ١٦٥، ١٥ - ١٩٩ .

اليونسكو، دليل الرخصة الدولية لقيادة الحاسوب (النسخة العربية).

المراجع الأجنبية:

Dawes, L. ٢٠٠٠, *The National Grid for Learning and the Professional Development of Teachers: Outcomes of an Opportunity for Dialogue.* PhD Thesis.

ERTMER, P., ADDISON, P., LANE, M., ROSS, E. & WOODS, D. (١٩٩٩) Examining Teachers' Beliefs about the Role of Technology in the Elementary Classroom., *Journal of Research on Computing in Education,* ٣٢ (١), pp. ٥٤-٧٢.

ERTMER, P.A., ADDISON, P., LANE, M., ROSS, E.& WOODS,D. (١٩٩٩),'Examining teachers' beliefs about the role of technology in the elementary classroom', *Journal of Research on Computing in Education,* ٣٢ (١), pp. ٥٤-٧٢.

EVANS, M. (٢٠٠٢) *Open windows: becoming an e-learning school.* National College for School Leadership (NCSL).

FABRY,D. & HIGGS, J. (١٩٩٧),'Barriers to the effective use of technology in education', *Journal of Educational Computing,* ١٧ (٤), pp. ٣٨٥-٣٩٥.

GUHA, S. (٢٠٠٠),'*Are we all technically prepared? Teachers' perspective on the causes of comfort or discomfort in using computers at elementary grade teaching*', paper presented at the Annual Meeting of the National Association for the Education of Young Children, Atlanta, GA, November ٨-١١.

LARNER,D. & TIMBERLAKE, L. (١٩٩٥),'*Teachers with limited computer knowledge: variables affecting use and hints to increase use*', The Curry School of Education, University of Virginia.

MURPHY,C.& GREENWOOD, L. (١٩٩٨),'Effective integration of information and communications technology in teacher education', *Journal of Information Technology for Teacher Education,* ٧ (٣), pp. ٤١٣-٤٢٩.

PELGRUM,W. (٢٠٠١),'Obstacles to the integration of ICT in education: results from a worldwide educational assessment', *Computers and Education,* ٣٧, pp. ١٦٣-١٧٨.

ROSS, J., HOGABOAM-GRAY, A., & HANNAY, L. (١٩٩٩) Predictors of teachers' confidence in their ability to implement computer-based instruction. *Journal of Educational Computing Research,* ٢١ (١), pp. ٧٥-٩٧

SELWYN, N. (١٩٩٧) Teaching Information Technology to the 'Computer Shy': A theoretical perspective on a practical problem, *Journal of Vocational Education and Training*, ٤٩ (٣), pp. ٣٩٥-

SIMPSON, M., PAYNE, F.,MUNRO, R. & HUGHES, S. (١٩٩٩),'Using information and communications technology as a pedagogical tool: who educates the educators?' *Journal of Education for Teaching*, ٢٥ (٣), pp. ٢٤٧–٣٦٢.

SNOEYINK, R. & ERTMER, P. (٢٠٠١),'Thrust into technology: how veteran teachers respond', *Journal of Educational Technology Systems*, ٣٠ (١), pp. ٨٥–١١١.

VAN FOSSEN, P. (١٩٩٩),'"*Teachers would have to be crazy not to use the Internet!": secondary social studies teachers in Indiana*', paper presented at the Annual Meeting of the National Council for the Social Studies, Orlando, FL, November ١٩–٢١.

WHETSTONE, L.& CARR-CHELLMAN, A. (٢٠٠١), 'Preparing pre-service teachers to use technology: survey results', *TechTrends*, ٤٥ (٤), pp. ١١–١٧.

Lutfi, M.S. & Ajlouni, K, ٢٠٠٣, The Use of Computers Assisted Learning and Students' Achievment and Attitudes in Biology ١٠th Grade. *Mu'ta Journal for Research*, ١٨, No. ٦, pp ١٢٥ – ١٥١.

Fayomi, N., ٢٠٠٣, eLearning National Strategic Plan in Jordan: Achievments, Challenges, and Future Trends. *Regional Conference on ICT in eLearning, International Union for Communication*, Damascus, Syria.

Alessi.M& Trollip,S. M.(١٩٩١). Computer based instruction : methods and Development. (٢nd.Ed) Cliffs, NJ: Prentice Hall :Englewood.

Dick, Wand carey,L.M. (١٩٩٦) the systematic design of instruction. ٤th ed. New York: Jarper Collins.

Gagne., R and Briggs, (١٩٨٨)The systematic design of instruction,٤th ed. Ny : holt. Rinehart and wisto.Galbreth, J (١٩٩٧) the internet : past, present and future. Educational Technology. ٣٧ (١), ٣٩-٤٥.

Habbafub, M and peck, K.(١٩٨٨) the design. Development, and evaluation of instructional software New York: Macmillan Publishing Company.

Hawkridge, D. Jaworski J.& Mcmahon H (١٩٩٠). Computer in third world schools. NY: st. Martin Press.

J., & Russel,J.(١٩٩٦). Instructional technology for teaching and Learning: designing instruction, investigation computers and using media. Englewood Cliffs, NJ: prentice Hall.

Tawalbeh, Mohammad (٢٠٠١) the policy management of information technology in hordanian schools, British Journal of Educational Technology. ٣٢-) ٢(, ١-٨)

Classroom Connect. www.classroom.com/.

Counterpoint Thinking: Connecting Learning and Thinking in Schools. Timothy M. Melchior. http://www.shss.montclair.edu/inquiry/spr٩٥/melchior.html.

Educational Technology: Media for Inquiry, Communication, Construction, and Expression. Bertram C. Bruce and James A. Levin. http://www.ed.uiuc.edu/facstaff/chip/taxonomy

Filling the Tool Box: Classroom Strategies to Engender Student Questioning. Jamieson A. McKenzie, Ed.D. and Hilarie Bryce Davis, Ed.D. http://fromnowon.org/toolbox.html.

International Society for Technology in Education. www.iste.org/index.html.

Pedagogy for the ٢١st Century. Joshua H. Reibel and Ben D. Wood (with links to other articles on Constructivism). www.ilt.columbia.edu/ilt/papers/ILTpedagogy.html.

Some Thoughts About WebQuests. Prof. Bernie Dodge. http://edweb.sdsu.edu/courses/EdTec٥٩٦/About_WebQuests.html

Teaching Current Events Via Newspapers, Magazines and TV. www.csun.edu/~hcedu٠١٢/cevents.html.

The On-Line Educator. www.ole.net/ole/.

WWW Constructivist Project Design Guide. LiveText, Columbia Univeristy. www.ilt.columbia.edu/k١٢/livetext/curricula/general/ webcurr.html.

Printed in the United States
By Bookmasters